Sascha Lange
Möbel aus der Zukunft

Sascha Lange

Möbel aus der Zukunft

Eine deutsch-deutsche Geschichte

Ch.Links VERLAG

Die Deutsche Nationalbibliothek verzeichnet diese Publikation in der Deutschen Nationalbibliografie; detaillierte bibliografische Angaben sind im Internet über www.dnb.de abrufbar.

Ch. Links Verlag ist eine Marke der Aufbau Verlage GmbH & Co. KG

www.aufbau-verlage.de/ch-links-verlag
Prinzenstraße 85, 10969 Berlin

Umschlaggestaltung: zero-media.net, München,
unter Verwendung eines Fotos von © Stefan Schmidt
Satz: Nadja Caspar, Ch. Links Verlag
Druck und Bindung: Friedrich Pustet GmbH & Co. KG,
Gutenbergstr. 8, 93051 Regensburg

ISBN 978-3-96289-184-8

Inhalt

Vorwort: Ein Blick in eine vergangene Zukunft

Den *Känguruh*-Stuhl und das *Garten-Ei* mit ihren kräftigen Farben und fließenden Formen kennen seit Jahrzehnten viele Menschen, nicht nur Design-Interessierte: futuristisch anmutende Möbel aus den frühen 1970er Jahren, gefertigt aus Polyurethan – Möbel aus der Zukunft. Ein neues Zeitalter schien angebrochen, mit hochwertigen Stühlen und Tischen komplett aus Kunststoff. Mittlerweile sind sie zeitlose Klassiker und immer noch heiß begehrt.

Ihre Geschichte ist bislang jedoch nur bruchstückhaft bekannt. Sie beginnt Ende der 1960er Jahre in der Bundesrepublik mit der Entdeckung von Polyurethan für den Möbelbau durch den Chemiekonzern Bayer, mit den Designern Ernst Moeckl und Peter Ghyczy – aber auch in der DDR mit der Polstermöbelfirma Bruchhäuser aus Güstrow im heutigen Mecklenburg-Vorpommern. Schnell wurden diese Möbel auf beiden Seiten der Mauer hergestellt und verkauft. West- und Ostdeutschland avancierten in dieser Zeit sogar zu den weltweit größten Produzenten von Polyurethan-Möbeln – durch die Mauer getrennt und doch miteinander verbunden. Wie es zu dieser ungewöhnlichen deutsch-deutschen Kooperation kam, welche Vielfalt an Möbeln produziert wurde und warum sie sich dennoch auf Dauer nicht durchgesetzt haben, ist ein bisher weitgehend unerzähltes Kapitel der gesamtdeutschen Wirtschafts- und Kulturgeschichte. Es wird in diesem Buch erstmals umfassend und differenziert in den Blick genommen.

Polyurethan-Möbel entstanden auch in einer Zeit der politischen Entspannung zwischen Ost und West, des wirtschaftlichen Austausches, des wachsenden Wohlstandes. Der Zukunftsglaube der Menschen war zu Beginn der 1970er Jahre noch ungebrochen. Einer der Gründe war der – aus heutiger Sicht – geradezu unbekümmerte Umgang mit Chemie als Baustein für ein besseres Leben. Mit Chemie war schier alles zu machen. Mögliche Auswirkungen auf die Umwelt galten allenfalls als marginale Kollateralschäden für den Fortschritt. Und Fortschritt war damals überall Programm: in der Luft- und Raumfahrt genauso wie im Möbeldesign. Der Weltraum rückte immer näher, und in viele Haushalte zogen futuristisch designte Alltagsgegenstände ein, wie Möbel aus Polyurethan.

Heute werden die Designs dieser Kunststoffmöbel aus den 1960er und 1970er Jahren oft als »Space Age« bezeichnet, wirken die Stühle und Tische teils wie für Raumschiffe entworfen. Seinerzeit fand der Begriff in diesem Zusammenhang allerdings keine Verwendung. Und auch in heutigen Diskursen über das Weltraumzeitalter werden die Möbel nicht zwangsläufig mitgedacht. Bei Wikipedia findet sich zum Beispiel lediglich ein englischsprachiger Eintrag, der unter »Space Age« die Erfolge bei der Raumfahrt seit den 1950er Jahren beschreibt, von Möbeldesign ist dort keine Rede. Bei Google hingegen ploppen sofort unzählige Bilder von organisch geformten Kunststoffmöbeln und Lampen auf, vorzugsweise in den Farben Weiß, Orange und Rot. Monografien zum Thema Space Age als kulturellem Begriff sucht man vergeblich, auch in der Kunst- und Kulturwissenschaft wird er eigentlich nicht verwendet. In Bezug auf Möbeldesign umreißt Space Age jedoch umgangssprachlich relativ klar die Kunststoffmöbelphase der 1960er und 1970er Jahre.

Wer wie ich in der DDR aufgewachsen ist, kennt den *Känguruh*-Stuhl aus Eisdielen und Freibädern, er war überall im öffentlichen Raum präsent. Und auch in einem *Garten-Ei* habe ich schon als Teenager in den 1980ern bei einem Freund zu Hause gesessen, ohne Näheres darüber zu wissen, außer, dass es der ungewöhnlichste Sessel war, den ich bis dato kannte.

Ich selbst habe meinen ersten *Känguruh*-Stuhl vor 20 Jahren aus einem Abrisshaus mitgenommen und anschließend das eher biedere Dunkelbraun mit weißer Farbe übermalt. Seitdem steht er in meinem Arbeitszimmer vor dem Bücherregal und wird auch mal als Tritt verwendet, um an die oberen Bücherreihen zu gelangen, er hat sich diesbezüglich als äußerst robust erwiesen. Irgendwann wurde ich als Historiker und Design-Interessierter neugierig, was es mit der Geschichte dieses Stuhles und dieser Möbel aus Polyurethan auf sich hatte, wer die Designer waren und wieso es im Osten so viele Westmöbel gab.

Die mehrjährige Recherche zu diesem Buch glich einem Puzzlespiel. Quellen, Dokumente, Aussagen von Zeitzeugen, Fotos ... all das war schwer aufzuspüren und zusammenzufügen. Zudem existierten über die Geschichte von Kunststoffmöbeln aus Polyurethan bislang nur rudimentäre Informationen und vor allem jede Menge gefährliches Halbwissen im Internet – nicht selten werden dort einzelne Möbelstücke Designern falsch zugeordnet. Doch nach einer ersten Phase des interessierten Stöberns stapelten sich bald alte Einrichtungsmagazine auf meinem Schreibtisch, Interviews wurden geführt, bislang unbekannte Firmenprospekte kamen ans Licht, in Stasi-Akten wurde geblättert und viele weitere kleinere und größere Puzzlestücke zusammengesetzt – bis dieses Buch schließlich fertig war.

Werfen wir nun einen Blick in die deutsch-deutsche Vergangenheit – und auf Möbel aus der Zukunft.

Leipzig, im Januar 2024
Sascha Lange

Das Space Age beginnt

Am 4. Oktober 1957 startete die Zukunft. Überall auf der Welt konnten Menschen via Kurzwellenradio ein rhythmisches Piepsen empfangen, gesendet aus dem All vom sowjetischen Sputnik 1, dem ersten Satelliten im Kosmos. Das »Space Age« war angebrochen.

Damit begann inmitten des Kalten Krieges ein weiterer Wettlauf zwischen den neuen Supermächten USA und Sowjetunion. Seit 1945 hatten sie sich bereits mit der Entwicklung der Atombombe ein Kopf-an-Kopf-Rennen geliefert. Nun ging es zu den Sternen. Die beiden großen politischen und technologischen Akteure der Nachkriegszeit machten sich in den Folgejahren daran, ihre jeweiligen Weltraumprogramme in die Tat umzusetzen, und sie lieferten immer neue Erfolge bei der »Eroberung« des Weltalls: 1961 schickte die Sowjetunion mit Juri Gagarin den ersten Menschen auf einen Weltraumflug. Acht Jahre später stand der Amerikaner Neil Armstrong auf dem Mond.

Verständlich, dass die neuen Möglichkeiten der Raumfahrt die Menschen überall auf der Welt faszinierten und inspirierten. Es wurde nicht länger nur in

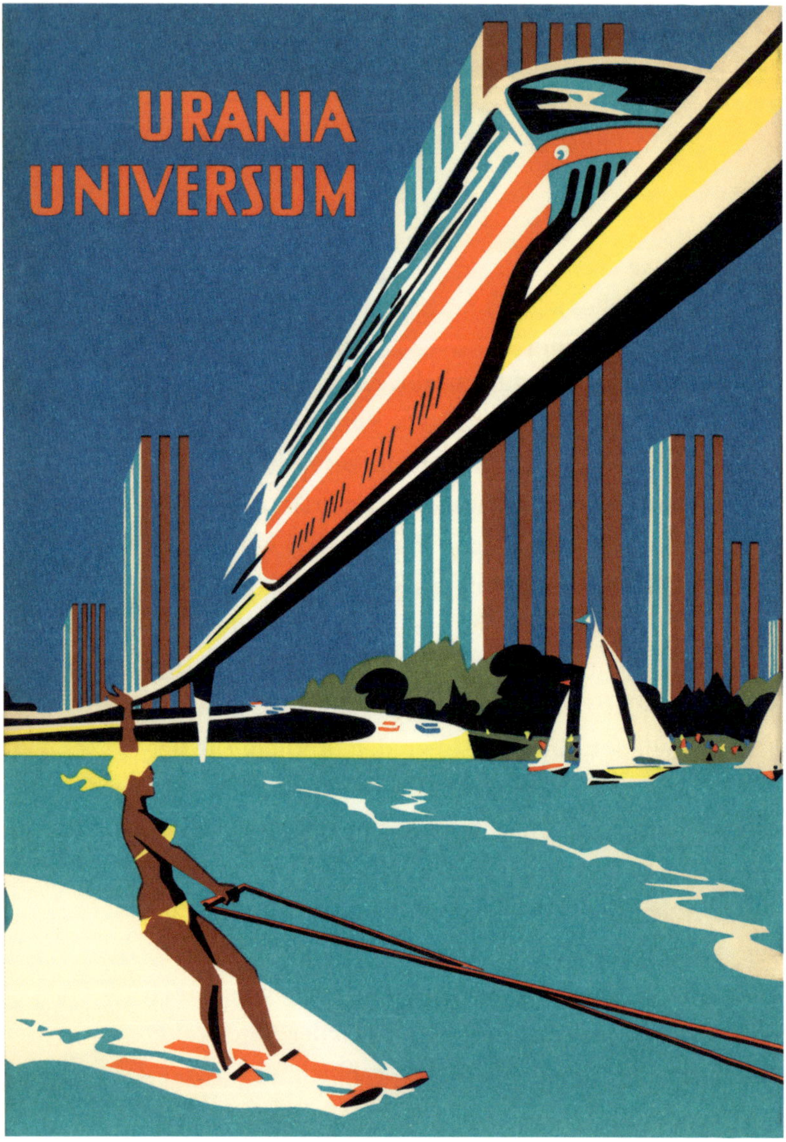

So stellte man sich in der DDR die Zukunft vor.
Titelseite des populärwissenschaftlichen Urania-Jahrbuchs von 1961

der Science-Fiction-Literatur und in Comics von Flügen ins All geträumt. Zur Visualisierung dieser Fantasien und zur wachsenden Popularität trugen auch immer mehr Filme in TV und Kino bei, die in der Zukunft spielten. Besonders Stanley Kubricks Film *2001: Odyssee im Weltraum* aus dem Jahr 1968 setzte allein durch das stylische Szenenbild völlig neue Maßstäbe. Überhaupt – alles schien in dieser Zeit technisch umsetzbar zu sein – oder nur noch eine Frage der Zeit, bis es umsetzbar wäre. Wissenschaftler und Ingenieure in Ost und West träumten von und tüftelten an Magnetschwebebahnen, Robotern, Atomkraftwerken, Flugtaxis, Computern, Städten auf dem Meeresboden und vollautomatischen Fabriken. Parallel dazu entwickelte sich in den 1960er Jahren hauptsächlich in Großbritannien und den USA mit der Pop-Art eine eigene farbenfrohe und extrovertierte Kunstform, die sich aus verschiedenen Blickwinkeln vor allem mit der kapitalistischen Konsumgesellschaft auseinandersetzte.

Parallel zum Griff nach den Sternen schien auch auf der Erde der gesellschaftliche Fortschritt unaufhaltsam, zumindest in einigen Teilen der Welt. Die politischen Eliten der von der Sowjetunion dominierten staatssozialistischen Länder, umgangssprachlich als »Ost-Block« zusammengefasst, glaubten allein aus ideologischen Gründen auf dem Weg in die Zukunft zu sein. Sie hatten offiziell den Kapitalismus als Gesellschaftsform hinter sich gelassen und strebten – in ihrer Auslegung des Sozialismus lebend – der Krone der Schöpfung auf Erden entgegen: dem Kommunismus.

Die Erfolge der Sowjetunion im Kosmos eigneten sich dafür wunderbar als Beweis …

Und wie sah die Zukunft in Deutschland Mitte des 20. Jahrhunderts aus? Der Zweite Weltkrieg war gerade vorbei, Deutschland lag sechs Jahre nach dem von ihm begonnenen Krieg in Trümmern und war zusätzlich in zwei Teile zerbrochen. Egal ob in Ost- oder Westdeutschland: Die Zeichen standen auf Neuanfang, den Blick in die Zukunft gerichtet. Dabei knüpfte man auch an gestalterische Innovationen der Moderne an, die durch Nationalsozialismus und Krieg ein vorläufiges Ende gefunden hatten. Das Bauhaus hatte bereits in den 1920er Jahren nicht nur die Architektur revolutioniert, sondern auch den Möbelbau. Vor allem bei Stühlen eröffneten Stahlrohrmöbel nun Gestaltungsmöglichkeiten, die vorher undenkbar schienen.

Der rasant voranschreitende technische Fortschritt in den 1950er Jahren wurde aber noch von einer weiteren Entwicklung begleitet: dem Siegeszug der chemischen Industrie, der sich in nahezu allen Lebensbereichen ausbreitete und in Form verschiedener Kunststoffarten mit unterschiedlichsten Ausprägungen seinen Ausdruck fand. Die Verwendung chemischer Stoffe wurde in dieser Zeit ein immer wichtigerer Baustein auf dem Weg in bislang ungeahnte Produkt-, Design- und Produktionsmöglichkeiten. Während in

Zwischen Kitsch und Kunststoff – Einrichtungstipps der Zeitschrift Schöner Wohnen vom Mai 1970

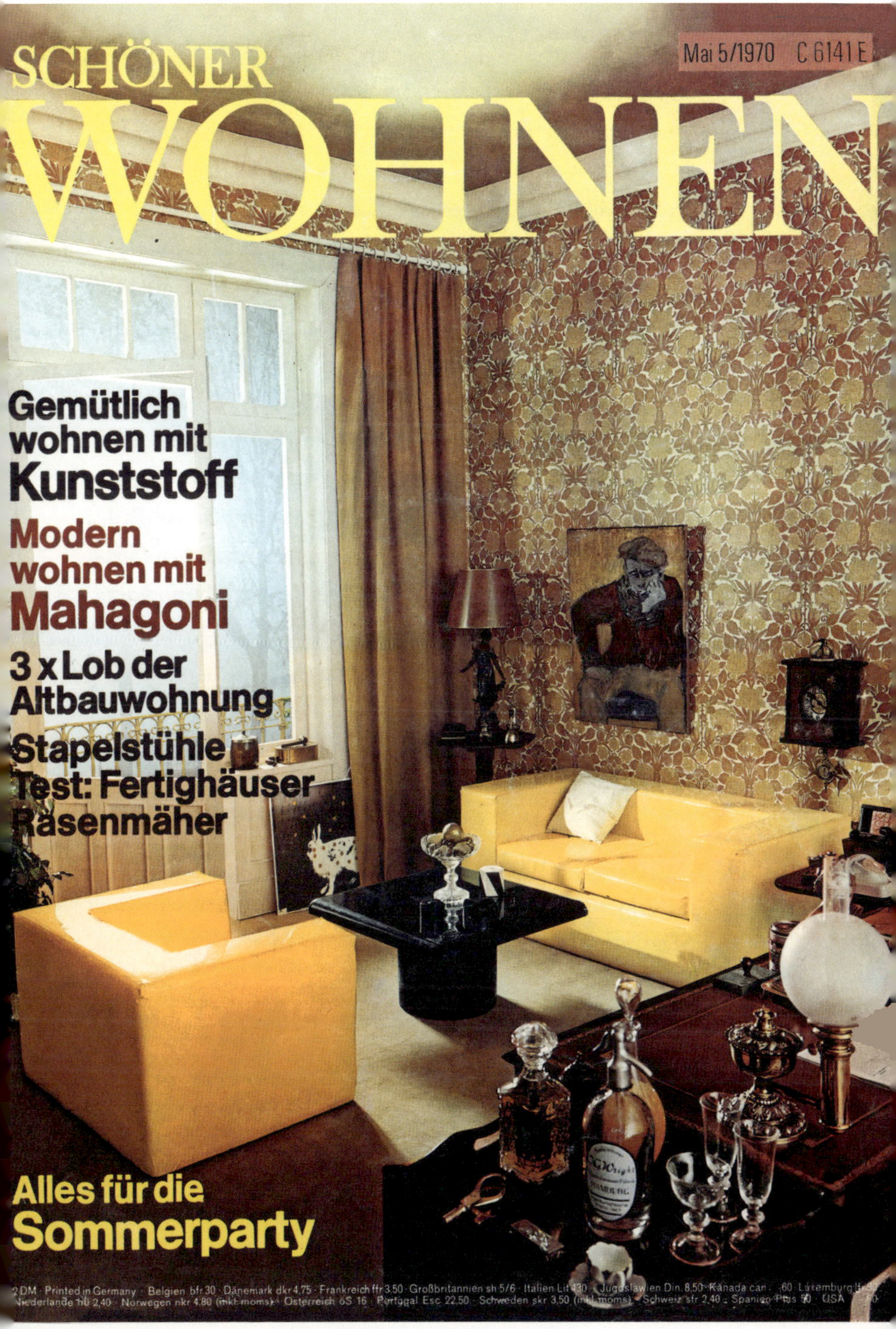
SCHÖNER
WOHNEN
Mai 5/1970 C 6141 E
Gemütlich wohnen mit Kunststoff
Modern wohnen mit Mahagoni
3 x Lob der Altbauwohnung
Stapelstühle
Test: Fertighäuser
Rasenmäher
Alles für die Sommerparty
2 DM · Printed in Germany · Belgien bfr 30 · Dänemark dkr 4,75 · Frankreich ffr 3,50 · Großbritannien sh 5/6 · Italien Lit 430 · Jugoslawien Din. 8,50 · Kanada can. · 60 · Luxemburg lfr 30 · Niederlande hfl 2,40 · Norwegen nkr 4,80 (inkl. moms) · Österreich öS 16 · Portugal Esc 22,50 · Schweden skr 3,50 (inkl. moms) · Schweiz sfr 2,40 · Spanien Ptas 50 · USA

der Bundesrepublik bald nach ihrer Gründung die Privatwirtschaft die Weiterentwicklung der chemischen Industrie vorantrieb, wurde von der DDR-Staatsführung Ende der 1950er Jahre der massive Ausbau der chemischen Industrie zur politischen Aufgabe gemacht. Mit dem Slogan »Chemie gibt Brot, Wohlstand und Schönheit« setzte man auf die Erhöhung des Lebensstandards durch Erzeugnisse aus »Plaste und Elaste«, beflügelt durch die ideologische Zielsetzung, die Bundesrepublik zu »überholen ohne einzuholen«. Neben dem Ausbau der kohlebasierten Chemiebetriebe stand ab Ende 1963 zusätzlich das sowjetische Erdöl in Ostdeutschland zur Verfügung, transportiert durch die Pipeline »Freundschaft«, die in einem neuen volkseigenen Petrolchemischen Kombinat (PCK) in Schwedt an der Oder endete. Mit diesem nun in großen Mengen zur Verfügung stehenden Rohstoff erweiterten sich die Möglichkeiten zur Herstellung von Kunststoffen erheblich.

Trotz aller Zukunftsfantasien: Zunächst konnten nur wenige ins Weltall fliegen, und von Robotern wie auch Städten auf dem Meeresgrund war man weit entfernt. Von diesen futuristischen Ideen fanden Ende der 1960er/Anfang der 1970er Jahre immerhin zahlreiche modern designte Alltagsgegenstände aus Kunststoffen den Weg in die Wohnungen vieler Menschen in Ost und West. Neuartige Küchengeräte, Lampen, Kleinmöbel, Tapeten- und Stoffmuster zeugten von der Zukunft in der Gegenwart – für viele erschwinglich, direkt für die eigenen vier Wände. Mit solchen Möbeln, ihren organischen Formen und hellen Farben, konnte man sein eigenes Zuhause wie in einem Science-Fiction-Film einrichten – im radikalen Kontrast zu den alten, dunklen und wuchtigen Dreißiger-Jahre-Anrichten oder klassizistisch anmutenden Gründerzeitmöbeln, wie man sie von den Eltern und Großeltern kannte. Keine schweren Standuhren tickten mehr melancholisch die Lebenszeit ab, sondern kompakte Wanduhren klickten leise dem Morgen entgegen. Die Technik entwickelte sich damals so wie die Zeit – es gab kein Zurück, es ging nur voran.

Die ersten Möbel aus der Zukunft

Nachdem in den 1920er Jahren die Gestalter aus dem Umfeld des Bauhauses die Möglichkeiten, Möbel statt aus dem traditionellen Werkstoff Holz aus Stahlrohr herzustellen, bereits weitgehend ausgereizt hatten, kamen in den 1950er Jahren durch die Weiterentwicklung von Kunststoffen – passend zum Beginn des Space Age – neue revolutionäre Designs auf. Eero Saarinen beispielsweise erschuf 1956 in den USA einen einbeinigen Stuhl mit bislang ungewöhnlich organischen Formen. Da die damals noch begrenzten Technologien keine Produktion aus einem Guss ermöglichten, gestaltete er die Sitzschale aus fiberglasverstärktem Polyester, während der mittige Fuß – dem eines Weinglases ähnlich – aus Aluminium gegossen wurde. Beide

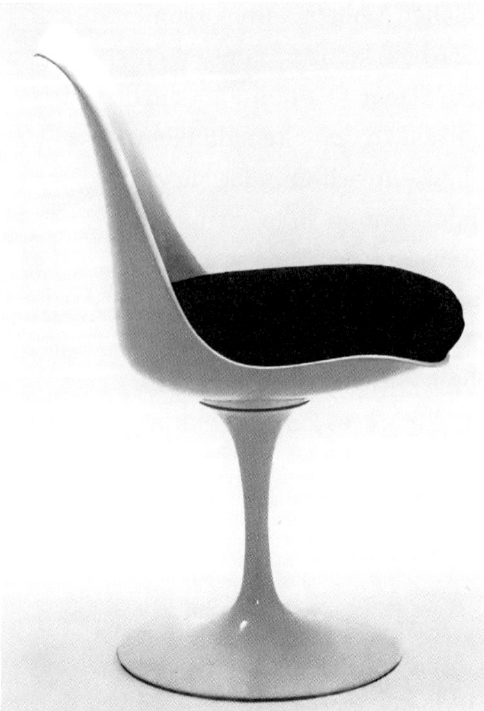

Ein zeitloser Klassiker – der Tulip-Chair

Teile in Weiß lackiert ergaben ein äußerst stimmiges Bild: Der *Tulip-Chair* war geboren. Die verschiedenen Ausführungen des Stuhls sowie dazu passende runde Tische bildeten das Fundament der Möbel des Space Age. Sie sahen aus, als wären sie für das Raumschiff Enterprise designt worden, welches Mitte der 1960er Jahre erstmalig in den USA im Fernsehen zu sehen war. Eero Saarinen hatte schon Jahre zuvor gemeinsam mit dem US-amerikanischen Designer Charles Eames an fiberglasverstärkten Polyesterharz-Sitzschalen gearbeitet.

Eames entwarf zusammen mit seiner Frau Ray ebenfalls Metallstühle mit neuartigen Kunststoffsitzschalen, die sich bald darauf großer Popularität erfreuten.

Durch die Verbreitung von Kunststoffen wurde der Stuhl als Massenware nun immer öfter neu erfunden. Dabei setzten sich zunächst bei verschiedenen Herstellern Material-Mix-Varianten mit einer Thermoplast-Kunststoff-Sitzschale durch, montiert auf einem schlanken Metallfußgestell. Sowohl die Sitzschalen als auch die Gestelle konnten mithilfe von Maschinen innerhalb kurzer Zeit produziert werden, was eine hohe Stückzahl und dementsprechend niedrige Preise ermöglichte. Besonders in den späten 1960er Jahren kamen immer mehr Modelle vor allem in den westlichen Ländern auf den Markt.

Und auch die Idee, Stühle aus einem Stück in nur einem einzigen Arbeitsgang zu produzieren, konnte schließlich umgesetzt werden. 1964 entwickelte der Architekt und Designer Helmut Bätzner zusammen mit der baden-württembergischen Firma Bofinger den ersten in nur einem Pressgang gefertigten Kunststoffstuhl der Welt. Verwendet wurde dafür gefärbtes, glasfaserverstärktes Polyesterharz. Der Stuhl war nach dem nur fünfminütigen Herstellungsvorgang in einer Form praktisch schon verkaufsfertig. Italienische Hersteller arbeiteten zeitgleich an diesen Technologien. Ab 1967 kam dort beispielsweise der von Joe Colombo entworfene erste spritzgussgeformte Stuhl in Erwachsenengröße aus ABS-Kunststoff auf den Markt – zuvor hatte es bereits einen Kinderstuhl gegeben. Aber in beiden

Fällen galt: Kein Handwerker hatte den Stuhl gefertigt, sondern allein eine Maschine.

Bei den Gestaltern herrschte Aufbruchstimmung. Denn Plastik und neue Herstellungstechniken ermöglichten ausgefallene, futuristische Formen, die bislang mit Holz und Metall nicht möglich gewesen waren. Das Markante an den Designs aus dieser Zeit war ein Wechselspiel zwischen bislang ungewohnten, fließenden, geradezu organischen Formen und der durch meist kräftige Farben offen zur Schau gestellten Künstlichkeit des Materials. Vor allem Kleinmöbel wie Beistelltische, Hocker, kleine Container und Stühle kamen in einer geradezu explosionsartigen Vielfalt auf den westlichen Markt. Besondere Aufmerksamkeit erregte dabei in einer ganzen Reihe von neuartigen Stuhldesigns aus verschiedenen Kunststoffen der sogenannte *Panton-Chair*.

Der Panton-Chair

In der ersten Hälfte der 1960er Jahre hatten Designer und Hersteller vor allem mit unterschiedlichen Thermoplasten bzw. glasfaserverstärkten Kunstharzen gearbeitet. 1967 präsentierte die schweizerisch-westdeutsche Firma Vitra, damals noch unter dem Namen der Inhaber Fehlbaum, einen Stuhl, der in Form und Farbe mehr einer Pop-Art-Plastik glich als einem Möbelstück und dennoch durch sein klares, reduziertes Design als alltagstauglich sogleich in aller Munde war: der *Panton-Chair*. Bereits seit 1959 hatte der dänische Designer Verner Panton an einem Stuhl aus nur einem Stück gearbeitet, aber die damals verfügbaren Kunststoffe

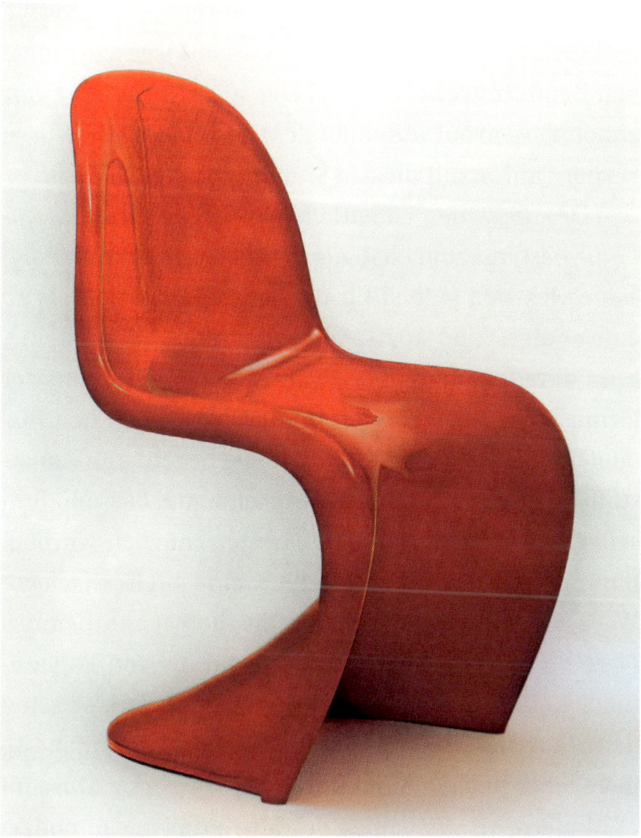

Der Panton-Chair war das erste Möbelstück aus Polyurethan.

erwiesen sich für diese geschwungene, federnde Form lange Zeit als nicht belastbar genug. Der Vollständigkeit halber muss an dieser Stelle erwähnt werden, dass der dänische Designer Gunnar Aagaard Andersen bereits Anfang der 1950er Jahre die Idee eines organisch geformten Stuhles aus nur einem Stück ohne klassische Stuhlbeine, dafür aber mit der markanten geschwungenen Beinform verfolgt hatte. Der spätere *Panton-Chair* ähnelt diesem auf verblüffende Weise.[1] Jedenfalls wurde Verner Panton mit diesem Stuhldesign weltbekannt.

Der 1967 der Öffentlichkeit vorgestellte *Panton-Chair* bestand zunächst aus fiberglasverstärktem Polyester, was sich jedoch für die Serienproduktion als zu aufwendiges und kostspieliges Material herausstellte. Kurz darauf kam es aber zu einer Kooperation mit der Firma Bayer aus Leverkusen, die inzwischen den bislang für die Möbelherstellung wenig beachteten Kunststoff Polyurethan so weit entwickelt hatte, dass mit ihm selbst solcherart belastbare Formen möglich wurden. Bayer und Vitra brachten 1968 eine breit angelegte Werbekampagne auf den Weg, die die Bekanntheit des *Panton-Chair* enorm steigerte – und die von Polyurethan. Kein Design und kein Möbelstück verkörperten damals treffender Pop-Art und Space Age. Es dauerte nicht lange und der Stuhl wurde im New Yorker Museum of Modern Art als »eines der Musterbeispiele modernen Designs« ausgestellt.

Verner Panton gestaltete außerdem in Zusammenarbeit mit Bayer die komplett aus verschiedenen Kunststoffen entwickelte Wohnlandschaft »Raumvision«, ein modulares System, bestehend aus diversen Formen, die eher einer höhlenförmigen Skulptur als einem Wohnraum bzw. Möbelstück ähnelten. Ein begehbarer LSD-Trip – möchte man meinen –, der 1970 auf der Kölner Möbelmesse vorgestellt wurde. Kaum alltagstauglich, aber unter dem Namen *Visiona 2* spiegelte sie die radikalen Ideen wider, die Panton und Kunststoffhersteller Bayer geradezu auf die Spitze trieben, natürlich aus unterschiedlichen Beweggründen. Während es Panton um neuartige Designs ging, wollte Bayer zeigen, wie vielfältig einsetzbar ihre Kunststoffe sind und welch enorm zukunftsweisendes Potenzial die chemische Industrie besitzt. Das Besondere an dem ab 1968 in Serie produzierten *Panton-Chair* waren aber nicht nur seine Form und seine knalligen Farben, sondern das verwendete Material Polyurethan, das in dieser Festigkeit zuvor noch nicht für den Möbelbau verwendet worden war.

Polyurethan – Stoff der Zukunft

Obwohl der Kunststoff Polyurethan mit seinen verschiedenen Anwendungsgebieten erst Ende der 1960er Jahre richtig populär wurde, gab es ihn bereits seit 1937. In den 1930er Jahren standen erst wenige alltagstaugliche Kunststoffe zur Verfügung. Eine Forschergruppe um Otto Bayer entwickelte damals im Werk der I.G. Farben in Leverkusen einen neuartigen Kunststoff, der aus der chemischen Reaktion zweier flüssiger Komponenten, Polyol und Isocyanat, entstand. So aufwendig die beiden Bestandteile in der Herstellung sind, so verblüffend einfach ist anschließend ihre Weiterverarbeitung zu einem festen Stoff, da man sie lediglich in einem bestimmten Mischungsverhältnis zusammenfügen muss. Daraus entsteht ein schnell aushärtender Schaum, der je nach Zusammensetzung bzw. »Rezeptur« und weiteren Zusatzstoffen entweder elastisch bleibt oder fest wird. Während des Zweiten Weltkrieges fand der Kunststoff im Flugzeugbau erste Verwendung, ansonsten passierte aber um Polyurethan nicht viel.

Nach 1949 wurde der I.G. Farben-Konzern aufgrund seiner vielfältigen NS-Verstrickungen in Westdeutschland in mehrere Firmen aufgespalten – in Ostdeutschland war er bereits enteignet worden. Aus dem Werk in Leverkusen entstand die Bayer AG, die in der Nachkriegszeit führend bei der Herstellung von Polyurethan war und diesen Kunststoff in den Folgejahrzehnten auf dem Markt etablierte.[2] Ein Bereich, in dem die Popularität von Polyurethan rasant wuchs, war die Möbelindustrie. PU, so die gängige Abkürzung, war in den 1960ern als einfach zu produzierender elastischer Schaumstoff mittlerweile sehr beliebt. Weil er aus zwei Grundstoffen besteht, wurde er damals auch Duomer genannt. Zu Beginn der 1970er Jahre kam in Ostdeutschland noch die Kurzform PUR als Name hinzu. Noch vielfältiger als die Bezeichnungen für diesen neuen Kunststoff waren die Anwendungsmöglichkeiten von Polyurethan.

In den 1960ern erweiterten sich diese durch neue Rezepturen, und man konnte mittlerweile von Lacken, Klebstoffen, Kunstleder und Schuhsolen über Schaumstoffmatratzen und Bauschaum bis hin zum äußerst stabilen *Panton-Chair* nahezu alles produzieren. Für diese unterschiedlichen Anwendungsgebiete brachte Bayer jeweils spezielle Polyurethan-Kunststoffe auf den Markt, 1967 zum Beispiel Baydur, der für harten Integralschaumstoff und somit für die Herstellung von Möbeln geeignet war. Das besondere an Baydur war, dass sich eine Art Außenhaut bildete, in der Fachwelt »Schwarte« genannt, die dem Werkstoff zusätzliche Haltbarkeit bescherte. Außerdem entstand durch eine entsprechend gearbeitete Negativ-Form beim Schäu-

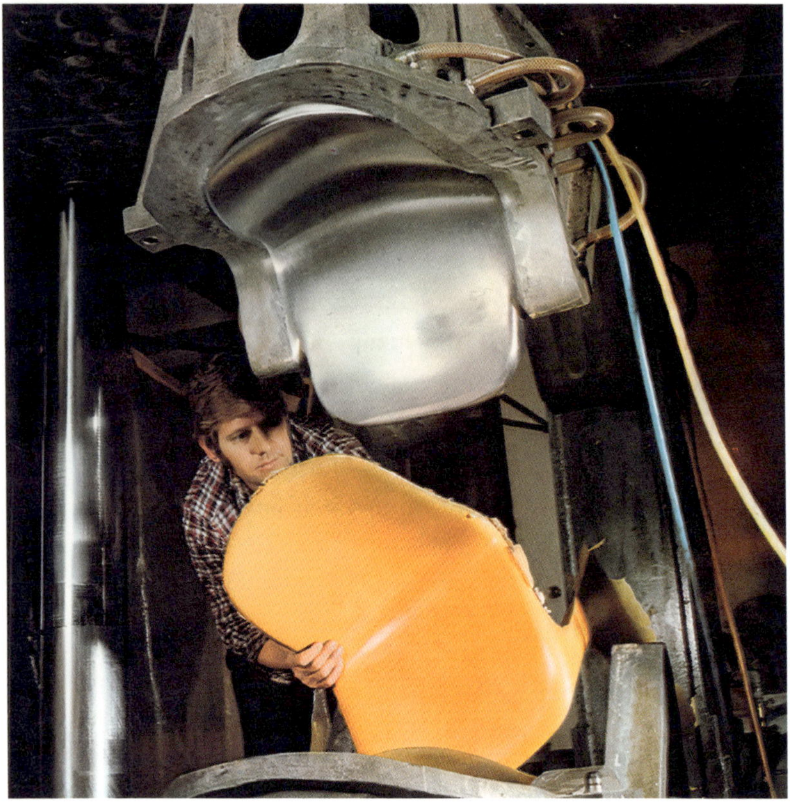

In solch zweiteiligen Formen konnten PU-Möbel mittels Maschinen produziert werden.

mungsprozess eine glatte Oberfläche, die anschließend wie Holz bearbeitet und lackiert werden konnte – der perfekte Kunststoff für qualitativ hochwertige Möbel.

Die Herstellung von Möbeln oder anderen Formteilen aus Polyurethan läuft seither so ab: Die zwei flüssigen Komponenten Polyol und Isocyanat werden mit einem Treibmittel in eine Schäummaschine eingelassen und vermischt. Dieses Gemisch wird von der Schäummaschine durch einen Mischkopf in ein Werkzeug gefüllt, dessen Hohlraum exakt dem zu produzierenden Formteil entspricht. Dort beginnt sich das Gemisch durch die chemische Reaktion der beiden Komponenten aufzuschäumen und füllt in kürzester Zeit den Hohlraum. Während der einige Minuten dauernden Standzeit verdichtet sich das Gemisch an der Außenseite zu einer geschlossenen Haut, die nach innen jedoch kontinuierlich poröser wird. Die Standzeit, bis das Werkzeug wieder geöffnet wird, variiert je nach Größe und Wandstärke des Formteils.[3]

Im Gegensatz zur Herstellung von Stühlen und anderen Kleinmöbeln aus bereits farbigem Thermoplast (in etwa vergleichbar mit dem Herstellungsverfahren von Lego-Bausteinen) musste man ein Möbelstück aus Polyurethan anschließend, ähnlich der traditionellen Holzverarbeitung, teilweise noch spachteln, schleifen und schließlich komplett lackieren. Die Produktion eines PU-Möbels war also nicht unaufwendig. Das Endergebnis war jedoch um einiges hochwertiger und – wie sich in den folgenden Jahrzehnten herausstellen sollte – um einiges langlebiger im Vergleich zu anderen Kunststoffen, nicht zuletzt aufgrund der UV-Beständigkeit.

»Gemütlich wohnen mit Kunststoff« in der BRD

Nicht nur die holz- und metallverarbeitende Möbelindustrie in Westdeutschland stand mit dem Kunststoff Polyurethan augenscheinlich vor einem Wandel, dieser war auch außerhalb der Produktionsbetriebe auf ganz anderen Gebieten spürbar. In der Bundesrepublik lagen politische und gesellschaftliche Veränderungen in der Luft. Studenten- und Bürgerrechtsbewegungen erreichten 1968 in den westlichen Ländern einen Höhepunkt – die junge Generation begehrte auf. In den osteuropäischen Staaten ebenso heiß ersehnt, scheiterten jegliche Liberalisierungsversuche jedoch symbolhaft mit der Niederschlagung des »Prager Frühlings« durch sowjetische Truppen. Ein Jahr später gab es dafür in Westdeutschland zur Bundestagswahl einen politischen Generations- und Richtungswechsel: Der Sozialdemokrat Willy Brandt wurde Kanzler und löste erstmals in der Nachkriegsgeschichte die konservativen CDU-Regierungschefs ab. Der Weg in eine politisch erneuerte Zukunft schien frei.

Verstaubtes austauschen: Dieser Wunsch fand damals in immer mehr westdeutschen Wohnzimmern in Form futuristisch anmutender Möbel Erfüllung, die in knalligen Farben und Formen das Alte auch optisch hinter sich ließen. Etwa 150 D-Mark kostete beispielsweise der *Panton-Chair* und war deshalb für viele durchaus erschwinglich. Als radikaler Bruch im Vergleich zu den bisherigen Sitzmöbeln wurde er zu einem begehrten

Möbelstück. Kaum eine Einrichtungszeitschrift kam in den Folgejahren ohne das Bild eines *Panton-Chair* aus, und nicht nur namhafte Küchenhersteller arrangierten ihre Werbeanzeigen mit diesen Stühlen. Bayer war bei der Polyurethan-Technologie zu diesem Zeitpunkt weltweit führend und produzierte und vermarktete darüber hinaus noch weitere Kunststoffe und Kunststofffasern. Aber natürlich suchten auf diesem Gebiet auch die beiden anderen großen westdeutschen Chemiekonzerne den Anschluss und versuchten, mit ihren Kunststoffen auf den Möbelmarkt vorzudringen. Hoechst produzierte in dieser Zeit eigens entwickelte Materialien für Space Age-inspirierte Möbel der Firma Lübke. Und BASF verkündete 1970 in einer Image-Anzeige: »Im Jahre 1980 wird mehr als die Hälfte aller Möbel aus Kunststoff sein.«[4]

Tatsächlich brach in immer mehr Wohnungen das Kunststoff-Zeitalter an: zunächst bei Teppichen und Stoffen, Küchenutensilien, Spielzeug und zunehmend auch bei Kleinmöbeln. Die neuartigen Materialen wurden immer populärer. Für die westdeutschen Verbraucher titelte beispielsweise im Mai 1970 die Zeitschrift *Schöner Wohnen:* »Gemütlich wohnen mit Kunststoff«. Im Leitartikel heißt es: »Plasticmöbel, Teppiche und Vorhänge aus synthetischen Fasern und Polster aus Schaumstoff haben sich bewährt. Was einst ›Ersatz‹ war, ist heute kaum zu ersetzen.« Und später im Text: »1983, so schätzt die Fachwelt, wird das Atomzeitalter von der Kunststoffzeit abgelöst werden. Das Chemieprodukt soll dann der am meisten angewandte Werkstoff sein.« Dabei würden Holz oder Wolle nicht schlagartig verdrängt werden, sondern Kunststoff würde »sie in der Nachfrage überflügeln«[5]. Und Kunststoff sollte nicht nur das Wohnen verändern, sondern generell die Art zu leben: »Wegwerfhemden, Wegwerfunterwäsche werden in wenigen Jahren so selbstverständlich sein wie das Papiertaschentuch. Wenig später wird Kochen zum Sonntagsvergnügen aufsteigen. Das Alltagsgericht werden wir im Kunststoffgeschirr fertig aus dem Laden mitnehmen, es zu Hause nur erwärmen und nach dem Mahl Reste und Geschirr in den Müllschlucker stecken.«[6] Goldene Zeiten standen also bevor …

»Revolution aus Tradition« – Die DDR in den 1960er Jahren

In den frühen 1960ern wurde in Ostdeutschland, wie in anderen Ländern auch, bereits Thermoplast in immer größerem Umfang für Konsumgüter und vor allem für Küchenutensilien verarbeitet. Gerade als Ersatzwerkstoff, zum Beispiel für Haushaltsgeräte, die bisher aus Metall gefertigt worden waren, hatten preisgünstigere Kunststoffe für die rohstoffarme DDR ein großes Potenzial. Ganze Möbel wurden jedoch damals noch nicht aus Plaste hergestellt, es gab dahingehend auch keine konkreten Pläne. In der DDR sprach man übrigens von Plaste, in Westdeutschland von Plastik – eine Sprachnuance, die sich teilweise bis heute in den verschiedenen Bundesländern erhalten hat.

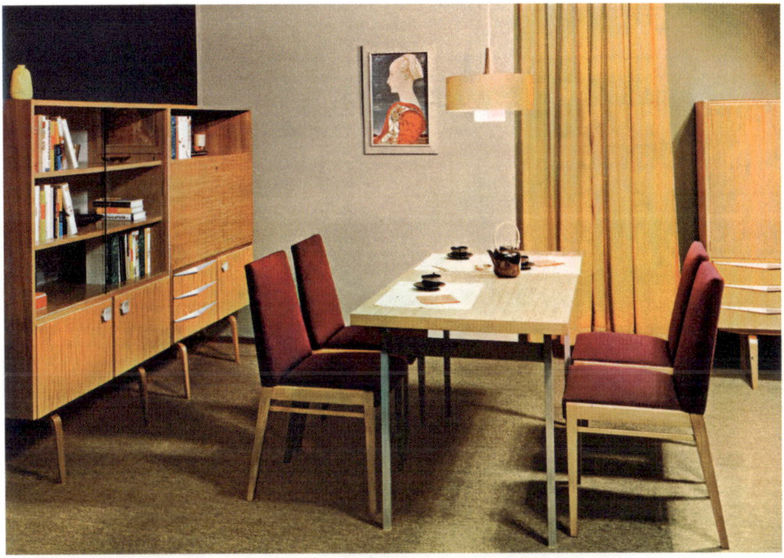

Die 427er-Serie von Hellerau ist eine der elegantesten Möbelserien aus den 1960er Jahren und von großer gestalterischer Eigenheit geprägt.

Ostdeutsche Produzenten brachten in den 1960er Jahren herausragende und qualitativ hochwertige Holzmöbel hervor, die optisch sowohl das Bauhaus-Erbe als auch damalige skandinavische Einflüsse widerspiegelten. Zu nennen wären beispielsweise die beiden vom Leipziger Bauhaus-Schüler Franz Ehrlich entworfenen Möbelserien für den VEB Deutsche Werkstätten Hellerau mit der Nummerierung 602 (noch aus den späten 1950ern) und 427. Letztere verwendete bereits selbstbewusst weiße Kunststoffgriffe, nutzte also den neuen Gestaltungsspielraum, den Plastik nun auch in der Möbelindustrie bot, ohne dass es wie ein Ersatzstoff wirkte.

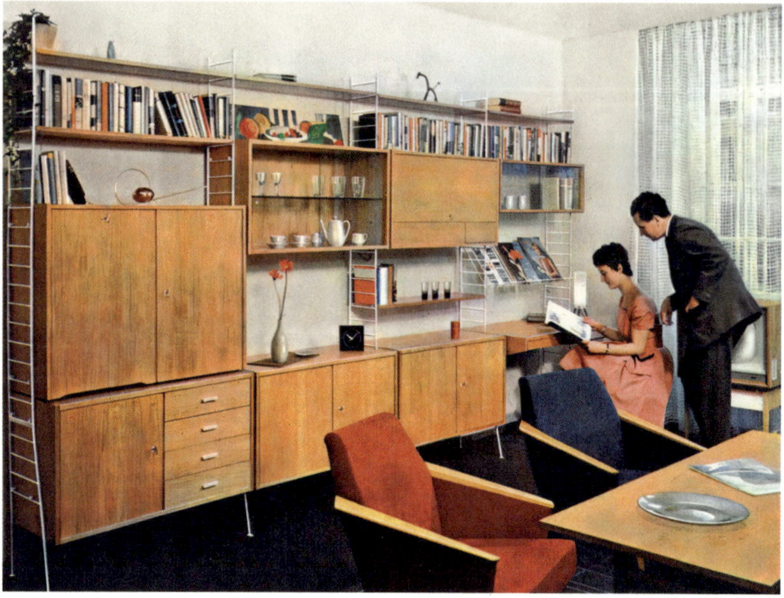

Das skandinavisch inspirierte Regalsystem Sybille war aufgrund seiner Vielfältigkeit sehr beliebt und auch für kleinere Neubauwohnungen geeignet.

Substitutionen – also Ersatz von hochwertigen Materialien wie Holz und Metall durch preisgünstigere Kunststoffe – waren in den 1960er Jahren in West und Ost ein großes Thema bei Produzenten. In Hellerau wurden deshalb in der späten 602er- und der kompletten 427er-Serie das Innere der Schubläden nicht mehr handwerklich aus Holz gefertigt, sondern in einem Spritzgussverfahren aus Kunststoff, was eine immense Zeit- und Materialersparnis brachte – allerdings zu Lasten der inneren Formschönheit. Dem äußeren Erscheinungsbild dieser Möbelserien tat dies jedoch keinen Abbruch.

Hellerau stellte zudem 1967 mit dem MDW-Programm – die Abkürzung für »Möbelprogramm Deutsche Werkstätten« – eines der ersten Montagemöbel aus weißlackierten Spanplatten vor, entworfen von dem Leipziger Formgestalter Rudolf Horn, beworben mit dem Slogan »Revolution aus Tradition«. Und es war wirklich revolutionär: Ähnlich einem Baukastensystem konnte man sich die Möbel selber zusammenstellen – und sie zu Hause selbst montieren. Der Konsument wurde zum Konstrukteur seiner individuellen Wohnideen.

Und Hellerau war bei Weitem nicht der einzige Betrieb mit qualitativ hochwertigen Möbeln: Der VEB Möbelwerk Stralsund bot in dieser Zeit mit seinem Anbautypensatz Nr. 314 *Sybille* ein weiteres flexibles Schranksystem auf der Basis von Leiterregalen an. Gleichzeitig erinnerte es an damals wegweisende skandinavische Möbel, wie auch die Wohnzimmerserie des VEB Pianomechanik Zeitz und der Typensatz 153 des VEB Möbelindustrie Halle. Darüber hinaus gab es noch mehrere private bzw. halbstaatliche Betriebe in der Möbelbranche, die unter den Bedingungen der DDR weiterhin mit marktwirtschaftlichem Verständnis arbeiteten und deren Produktdesigns auf der Höhe der internationalen Standards waren.

Selbstverständlich war den ostdeutschen Designern bzw. Formgestaltern, wie sie in der DDR offiziell genannt wurden, die neue Formensprache des Space Age nicht entgangen. Einflüsse finden sich in Formen, Farben und

Dekor für Geschirr, Vasen, Lampen sowie Mustern für Gardinen und Stoffe. Als Inspiration dienten auch die neuen ausgefallenen Kunststoffmöbel aus Italien und Westdeutschland. Zum Beispiel für den gepolsterten Kunststoff-Schalensessel mit zentriertem Fuß *Venedig* von Horst Heyder aus dem Entwurfsbüro Waldheim, der Mitte der 1960er Jahre im VEB Polstermöbelfabrik Cottbus hergestellt wurde. Besonders hervorzuheben ist eine Kleinserie für Freisitzmöbel in Karl-Marx-Stadt der Gestalter Dieter von Amende, Horst Hartmann und Roland Löffler aus glasfaserverstärktem Polyester aus

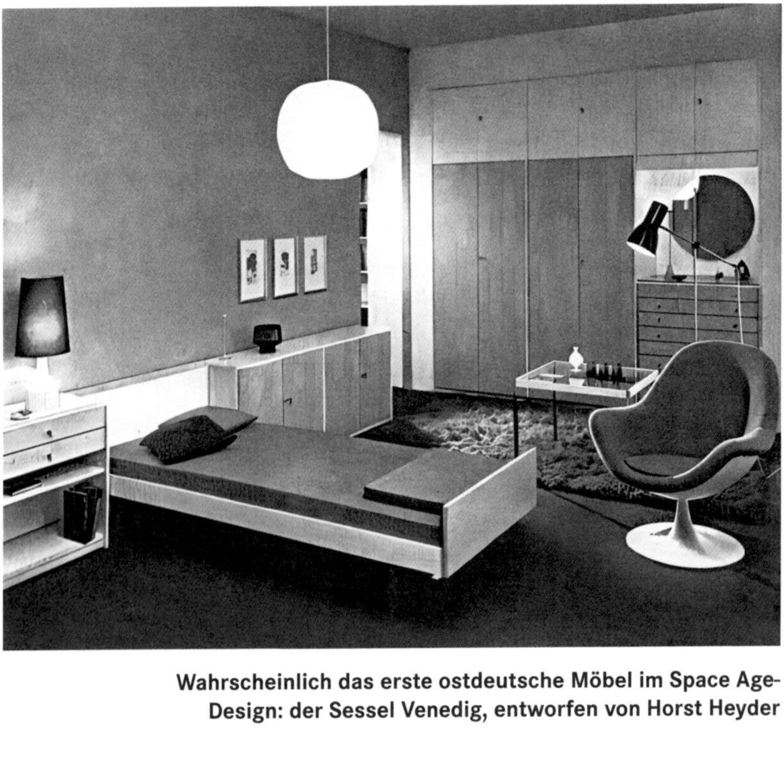

Wahrscheinlich das erste ostdeutsche Möbel im Space Age-Design: der Sessel Venedig, entworfen von Horst Heyder

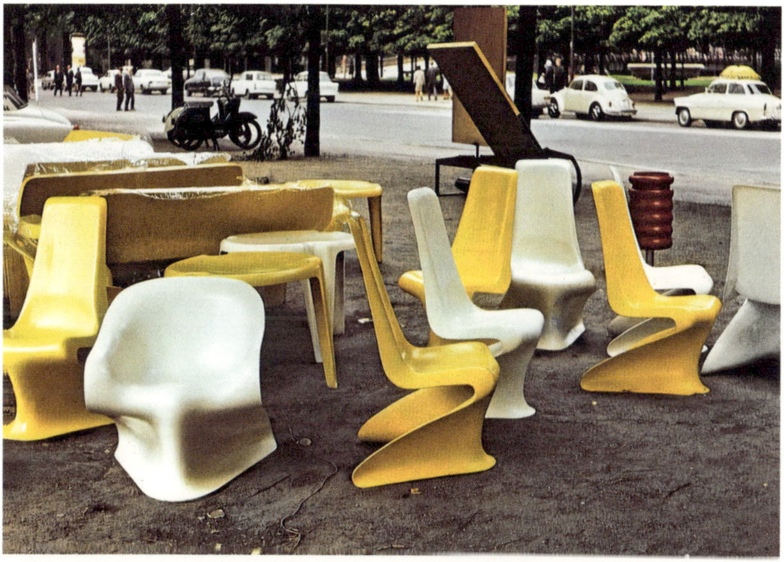

Leider nur in einer Kleinserie für einen Freisitz in Karl-Marx-Stadt produziert – Space Age-Möbel der Gestalter Dieter von Amende, Horst Hartmann und Roland Löffler.

dem Jahr 1969. Diese Freisitzmöbel entsprachen genau dem aktuellen internationalen Trend organisch anmutender Designs. Doch obwohl diese Arbeiten auf Welt-Niveau waren, verhinderten die bürokratischen Mühlen und fehlenden Produktionskapazitäten wie so oft eine Massenproduktion, die auch für den Export geeignet gewesen wäre. Ein deutlicher Nachteil der Planwirtschaft.

In der ostdeutschen Architektur hielten zeitgleich neuartige Formen Einzug. Ab Mitte der 1960er Jahre errichtete beispielsweise eine Spezialfirma von der Insel Rügen einzigartige futuristische Betonbauten, die ihresgleichen suchten. Geschaffen hatte sie Ulrich Müther aus Binz, ein Bauingenieur und Bauunternehmer. Die Besonderheit seiner Gebäude – seien es Turnhallen, Gaststätten oder Rettungschwimmerhäuschen – waren selbsttragende Dächer aus Spritzbeton, Hyparschale genannt. Etwa 70 Bauten entstanden quer durch die DDR, mit Schwerpunkt an der Ostsee. Spaciger baute niemand in Ostdeutschland.

»Überholen ohne einzuholen« – Polyurethan für die DDR

Im Unterschied zur Bundesrepublik hatte die verstaatlichte chemische Großindustrie in der DDR erst zu Beginn der 1960er Jahre wieder das Vorkriegsniveau erreicht, und die volkseigenen Betriebe blieben weiter hinter den führenden westlichen Chemiekonzernen zurück. Scheinbar uneinholbar. Obgleich es große chemische Betriebe gab und deren Ausbau auf Politbürobeschluss vorangetrieben wurde, stellten die Verantwortlichen in der zweiten Hälfte der 1960er Jahre fest, dass man ausgerechnet den Anschluss an die weltweite Entwicklung des Kunststoffes Polyurethan und seiner vielfältigen Anwendungen verpasst hatte. Dabei gab es dazu in den späten 1950er Jahren auch in der DDR Forschungen, die jedoch 1961 eingestellt worden waren. Völlig unbekannt war Polyurethan in Ostdeutschland deshalb nicht. Für Polstermöbel wurde PU-Weichschaum als Blockware bereits seit geraumer Zeit verarbeitet. Blockware bedeutet, dass diese noch auf die gewünschten Maße zugeschnitten werden musste. Die private Firma Schüngel Chemie KG (seit 1958 mit staatlicher Beteiligung) aus dem erzgebirgischen Burk-

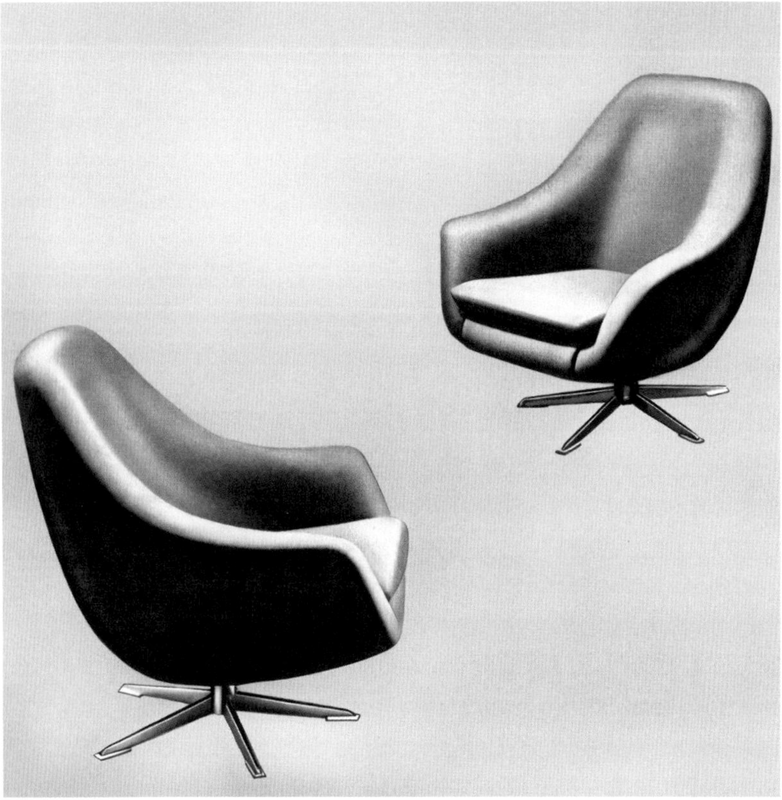

Der erste 1969 in der DDR produzierte und mit Stoff überzogene Sessel aus PU-Hartschaum trug den Namen Diplomat.

hardtsdorf produzierte für die Polstermöbelindustrie ab 1965 mittels importierter Grundstoffe Polyurethan-Blockschaum in einer Produktionsanlage, die die firmeneigene Werkstatt zum Großteil selbst entwickelt und hergestellt hatte. Schüngel Chemie belieferte DDR-weit verschiedene Polstermöbelbetriebe und auch die Kraftfahrzeugindustrie mit PU-Weichschaum. Die

Fachzeitschrift *Möbel und Wohnraum* schrieb in ihrer Ausgabe vom Mai 1967 über die Firma: »Erstmalig in der DDR wurde eine rentable Polyurethan-Technologie entwickelt.«[7] Auch der VEB Elguwa Leipziger Gummiwarenfabrik stellte Polyurethan-Schaumstoff für Polstermöbel her, unter dem Eigennamen »Elgupren«.[8] Seit 1969 fertigte außerdem der VEB Ultra-Möbel im thüringischen Sophienau den mit Stoff bezogenen Sessel *Diplomat* aus einer festen PU-Schale mit einem Metallfußgestell. Die Firma Bruchhäuser aus Güstrow verarbeitete ebenfalls ab 1969 Polyurethan-Weichschaum für Sesselmodelle und experimentierte bereits mit Hartschaum. Das technologische Wissen dafür hatte man sich teilweise durch Studienreisen ins westliche Ausland sowie eigene Versuchsreihen angeeignet. Doch von diesen Ausnahmen abgesehen, gab es in der Möbelindustrie der DDR kaum praktische Anwendungen von Polyurethan. In den westlichen Ländern hingegen wurden Produkte aus Polyurethan immer vielfältiger und beliebter.

Für die unterschiedlichen Polyurethan-Anwendungsgebiete von Schuhsohlen bis zu Stühlen fehlte es in der DDR an elementaren Dingen. Es gab keinen Chemie-Produzenten, der die Grundstoffe herstellen konnte, es gab kaum Rezepturen für die verschiedenen Produkte, geschweige denn Maschinen zur Weiterverarbeitung. Dabei zeigten die Entwicklungen auf dem Weltmarkt, dass man mit Polyurethan viele Konsumgüter schneller, einfacher und billiger produzieren konnte, ja, dass man in der Zukunft überhaupt nicht mehr um diesen Kunststoff herumkommen würde. Aber wie sollte die DDR unter den real existierenden Bedingungen aufholen?

Ein eigenes Ministerium für Chemische Industrie traf seit Jahren von oben alle wirtschaftlichen und technologischen Entscheidungen für die chemischen Großbetriebe der DDR. Hinzu kam die zentralistische Planwirtschaft, die ebenfalls Vorgaben machte, was in welchem Umfang produziert werden sollte. Einzelne Betriebsleiter konnten also normalerweise keine eigenmächtigen Anweisungen geben oder Innovationen einführen, sondern es musste alles erst politisch in Ostberlin abgeklärt werden. Bis die Erkennntisse der wachsenden Bedeutung von Polyurethan bei den Verantwortlichen auf dem Schreibtisch angekommen waren, verging also einige Zeit.

1966 hatten schließlich die ersten ostdeutschen Funktionäre erkannt, dass eine eigene groß angelegte Produktion von Polyurethan-Grundstoffen die Modernisierung der Volkswirtschaft voranbringen würde, man sich gleichzeitig von westlichen Importen unabhängig machen und sogar im großen Maßstab in den Devisenbringenden Export einsteigen könnte. Das passte wieder zur Losung »Überholen ohne einzuholen«.

Daraufhin kam es zu ersten vorbereitenden Treffen von Betriebsleitern mit Funktionären des Ministeriums für Chemische Industrie. Als Standort für eine Großproduktion entschied man sich relativ schnell für den VEB Synthesewerk Schwarzheide bei Senftenberg in der Niederlausitz, der bislang vor allem Braunkohle veredelt hatte. Das Hauptproblem war allerdings: Im gesamten Ostblock, inklusive der Sowjetunion, fehlte das technische Wissen zur industriellen Herstellung von Polyurethan-Grundstoffen. Die kurzfristige Lösung bestand im Ankauf von Verfahrenslizenzen und Anlagen aus dem »Nichtsozialistischen Wirtschaftsgebiet«. Man musste also zunächst beim Klassenfeind einkaufen gehen, bevor man ihn überholen konnte.

Zur Frühjahrsmesse 1967 in Leipzig wurde deshalb eine »Messestudiengruppe« losgeschickt, um nach passenden westlichen Anlagenherstellern zu suchen. Weitere Planungsgruppen wurden gebildet und Zeitpläne ausgearbeitet. Selbst das Politbüro des ZK der SED und der Ministerrat der DDR berieten sich zu dem Thema und beschlossen 1968 den Aufbau der Polyurethan-Industrie im eigenen Land.[9] Schließlich wurde man fündig: Kurz vor Weihnachten im selben Jahr wurde mit der französischen Firma ENSA als Generalunternehmer der Vertrag für eine Polyurethan-Rohstoffanlage in Schwarzheide abgeschlossen.

Schwarzheide: der »größte Komplex der Polyurethan-Chemie auf der ganzen Welt«

Schwarzheide sollte also der zentrale Produktionsstandort für Polyurethan-Grundstoffe in der DDR werden. Gut 200 Millionen Valuta-Mark kostete die Anlage aus Frankreich, die Bauvorleistungen übernahmen DDR-Betriebe. Wenn das alles umgesetzt wäre, hätte man aber immer noch keine komplett funktionierende Industrieanlage zur Herstellung von Polyurethan. Man brauchte unter anderem eine Konfektionierungsanlage und vor allem anwendungstechnisches Know-how. Die Grundstoffe mussten aufeinander abgestimmt werden, damit daraus unterschiedliche Endprodukte wurden – vom Bauschaum bis hin zu Schuhsolen und anderen Dingen. Nur wenige Chemiefirmen in Westeuropa konnten damals PU-Grundstoffe herstellen, und diese wollten ihr Wissen nicht einfach so weitergeben, die Rezepturen waren schlicht Gold wert. In Westdeutschland war es vor allem die Bayer AG in Leverkusen, die Ende der 1960er Jahre über das Wissen verfügte, wie man Polyurethan in großen Mengen und für verschiedene Anwendungsbereiche produzieren konnte. Aber Bayer war daran interessiert, Abnehmer für ihre chemischen Produkte zu finden – nicht, potenzielle Konkurrenten auf dem Weltmarkt aufzubauen.

Neben Bayer gab es aber auch noch die 1962 gegründete Firma Elastogran aus Lemförde in Niedersachsen, die für die ostdeutschen Funktionäre eine überaus attraktive Alternative zu dem Großkonzern darstellte. Und so kamen die DDR-Verantwortlichen im Juni 1969 mit einer durchaus schillernden Person ins Geschäft: dem 1921 geborenen Dr. Gottfried Reuter. Reuter war gelernter Chemiker, hatte lange für Bayer gearbeitet und dort mit der Zeit dutzende Patente auf PU-Produktionsabläufe gesammelt. Er schien *der*

Experte für Polyurethan außerhalb des Bayer-Konzerns zu sein. Denn für jedes Anwendungsgebiet wie Lackfarbe, Schaumstoffmatratzen und Hartschaum brauchte es eigene Rezepturen. Reuter hatte sich Anfang der 1960er Jahre selbstständig gemacht und die Elastomer AG mit Sitz in der Schweiz gegründet. Unter dieser Holding Aktiengesellschaft beschäftigten sich etwa 50 Spezialfirmen mit der Polyurethan-Herstellung, dem Vertrieb, mit Verfahrenstechniken und dem Bau von Produktionsanlagen. In Westdeutschland arbeiteten Ende der 1960er Jahre mehr als tausend Mitarbeiter für Reuter.

Eine dieser Firmen aus dem Geflecht der Elastomer AG – Elastogran – galt bei den zuständigen DDR-Ministern zu diesem Zeitpunkt als der größte PUR-Verarbeitungsbetrieb in Europa mit umfangreichem Wissen über diese Technologie. Durch eine Zusammenarbeit glaubte man, innerhalb kürzester Zeit den Anschluss an die Weltspitze erreichen und auch ins Exportgeschäft einsteigen zu können. Die geplante Anlage in Schwarzheide würde dann weltweit zu den größten gehören. Alles schien sehr verlockend. Reuter jedenfalls war bereit, das Werk in Schwarzheide mit seinem Wissen gegen Bezahlung zum Laufen zu bringen. Er selbst sollte übrigens Schwarzheide später als »größte(n) Komplex der integrierten Polyurethan-Chemie auf der ganzen Welt« bezeichnen.[10]

Aber nur wenige Tage nachdem Reuter mit der DDR den ersten Vertrag geschlossen hatte, wurde bekannt, dass er im Juni 1969 die Hälfte seiner Elastomer AG an den Bayer-Konkurrenten BASF verkauft hatte, der ebenfalls ins Polyurethan-Geschäft einsteigen wollte. Der Vertrag mit Reuter lief vorerst weiter, die BASF mischte sich nicht ein, obwohl zu der erworbenen Aktiengesellschaft auch Reuters Elastogran-Firma aus Lemförde gehörte, mit der Schwarzheide die Verträge geschlossen hatte.

Die Probleme und Verzögerungen beim Aufbau des Polyurethan-Werkes in Schwarzheide begannen zunächst auf ostdeutscher Seite mit den Bau- und Montagearbeiten, die man vertraglich zugesichert hatte. Für die DDR bereits damals symptomatisch: Mal fehlte das Material, mal fehlten die Arbeiter. Teilweise wurden Hunderte NVA-Soldaten ins Werk abkommandiert, um den Mangel zu beheben. Energieanschlüsse, Abwasserleitungen und weitere Infrastruktur waren aber Grundvoraussetzungen, damit die französische Firma ENSA ihre Anlage aufbauen konnte. Bereits im Herbst 1970 war die Bausituation in Schwarzheide so verfahren, dass der Minister für Chemische Industrie sich mehrmals im Monat über den Stand der Arbeiten informieren ließ. Trotz aller unternommenen Anstrengungen – das Vorhaben verzögerte sich beträchtlich. Um ein Beispiel zu nennen: 110 Tonnen Ziegelsteine wurden für den Bau geliefert. Da diese aber von den LKWs einfach nur abgekippt wurden, gingen 30 Tonnen davon kaputt.[11] Volkseigentum – wie diese Ziegel – gehörte laut Definition zwar dem Volk, in der Praxis bedeutete es jedoch nicht selten, dass sich letztlich niemand aus dem Volk dafür so richtig verantwortlich fühlte.

In der Zwischenzeit wurde der Leitung in Schwarzheide langsam klar, dass Reuter zwar einiges Know-how in Bezug auf die Anwendungsmöglichkeiten von Polyurethan wie bei Klebstoffen, Lacken oder bei Kunstleder an sie verkauft hatte, viele von Reuters Technologien und Rezepturen sich Anfang 1971 jedoch noch im Versuchsstadium befanden. Begründet wurde dies von ihm damit, dass die Anlage des französischen Herstellers noch nicht fertig aufgebaut worden sei und die konkrete Umsetzung der chemischen Prozesse wegen der noch fehlenden Apparaturen in Schwarzheide nicht erprobt werden könne. Im Laufe des Jahres 1971 konnte die Anlage immerhin teilweise ihren Probebetrieb mit der Herstellung einer der beiden PU-Grundstoffe aufnehmen.

Während der Bauzeit begab sich Schwarzheide – aufgrund fehlender Alternativen – immer mehr in die Abhängigkeit von Gottfried Reuter und seiner Firma Elastogran. Mit letzterer waren insgesamt drei Verträge abgeschlossen wurden, dazu kamen noch drei weitere direkt zwischen Schwarzheide und Reuter. Es wurde alles zunehmend unübersichtlich.

Erschwerend kam hinzu, dass Reuter im Juni 1971 auch noch die zweite Hälfte seiner Elastomer AG an die BASF verkauft hatte. Deren Techniker verzögerten in der Folgezeit aus verschiedenen Gründen die Abnahme der Anlage. Die Staatssicherheit vermutete sogleich, dass die Verzögerungen in Schwarzheide von der BASF absichtlich verursacht wurden, weil sie in Westdeutschland künftig selbst Polyurethan-Grundstoffe herstellen wollte und kein Interesse an einem exportfähigen ostdeutschen Konkurrenten mit einer funktionierenden Anlage hätte. Ende Januar 1972 spitzte sich der Streit zwischen der DDR und der nun zur BASF gehörenden Elastogran GmbH dermaßen zu, dass den Mitarbeitern von Elastogran zeitweise das Betreten der Baustelle der immer noch nicht fertigen Anlage in Schwarzheide verweigert wurde.

Dennoch hielten die Verantwortlichen des Synthesewerks unverändert zu Reuter und arbeiteten weiter mit ihm zusammen – möglicherweise aus Mangel an Alternativen. In einer späteren Einschätzung der Staatssicherheit zu diesem Themenkomplex wurden selbst »maßgebliche BASF-Vertreter« zitiert, wonach bei Gottfried Reuter »Genie und Wahnsinn Wand an Wand« wohnen würden.[12] Warum auch in den Folgejahren DDR-Vertreter trotzdem immer wieder Geschäfte mit Reuter anbahnten, ist unbekannt. Es folgte schließlich ein Rechtsstreit um die verursachten Mängel an der Anlage, die Zeitverzögerungen und die daraus folgenden nicht geleisteten Zahlungen vor ost- und westdeutschen Gerichten zwischen Reuter, der BASF und dem Synthesewerk Schwarzheide – de facto also jeder gegen jeden. Erst im November 1974 konnte ein Schiedsgericht in Schweden den Rechtsstreit mit einem Vergleich beilegen.[13] Trotz aller Mängel und Unzulänglichkeiten hatte Reuter am Ende maßgeblich dazu beigetragen, dass die DDR ab 1973 in der Lage war, Polyurethan-Grundstoffe selbst herzustellen.

Seiner Zeit voraus: Axel Bruchhäuser aus Güstrow

Die Frage, was man mit Polyurethan überhaupt alles produzieren könnte, stellte man sich in der zweiten Hälfte der 1960er Jahre natürlich auch in der DDR. Aber nicht vorrangig die Bürokraten der Planwirtschaft taten das, sondern ein junger Mann aus der damals teilweise noch existierenden ostdeutschen Privatwirtschaft: der 1943 geborene Axel Bruchhäuser aus Güstrow. Seit 1936 besaß sein Großvater Paul Bruchhäuser im Ort ein Sägewerk und eine Parkettfabrik, wo ab 1947 Möbel hergestellt wurden. Als 14-Jähriger baute Bruchhäuser erste Stühle aus Montier-Eisen, die er auf einem Schrottplatz gefunden hatte, versah sie mit einer Sitzfläche aus Peddigrohrgeflecht – und verkaufte sie an ein Möbelhaus in Rostock. Von dem Erlös finanzierte er sich später sein Maschinenbaustudium an der Technischen Universität in Dresden, das er 1968 abschloss. Anschließend stieg er voller Tatendrang als Komplementär in die Polstermöbelfabrik seiner Familie ein. Zu diesem Zeitpunkt war der Staat bereits zu 60 Prozent Teilhaber der Firma, was die Bruchhäusers jedoch nicht davon abhielt, ihren Betrieb weiter engagiert voranzubringen. Die Qualität der produzierten Polstermöbel und Bürosessel überzeugte auch im westlichen Ausland. Und selbst das Politbüro in Ostberlin saß auf Sesseln aus Güstrow.

In dieser Zeit entwarf Axel Bruchhäuser verschiedene Polstermöbel für das Familienunternehmen, unter anderem einen Sessel mit Anfang 1970 für Ostdeutschland schlicht revolutionärem Design: eine L-förmige Schale aus weiß-lackiertem Polyurethan-Hartschaum, mit zwei bezogenen Polstern aus Polyurethan-Weichschaum versehen, geschraubt auf ein verchromtes Drehgestell. Der Sessel wurde nach der damaligen Bezirkshauptstadt benannt: »Schwerin«. Die Firma Bruchhäuser gab ihren Möbeln damals Städtenamen, ein Ledersessel mit italienisch anmutendem Design hieß beispielsweise »Monza«, ein drehbarer Lounge-Chair »Oslo«. Axel Bruchhäuser erinnerte sich später an seine Arbeiten mit Polyurethan: »Dafür habe ich mir extra eine Maschine aus Westdeutschland kommen lassen. Wir hatten mit unserer Firma Ende der 1960er Jahre einen starken Export nach Westdeutschland und in andere westeuropäische Länder und dadurch besaßen wir Valuta-Mittel und konnten davon einen gewissen Prozentsatz auch ausgeben. Ich hatte damals westdeutsche Firmen angeschrieben, und dann gingen einige Firmen und Anwendungstechniker bei uns ein und aus und boten uns sowohl Rohstoffe als auch Maschinen an.« Die Lieferung der Maschine erfolgte im Herbst 1969, das Polyurethan selbst kam von der Bayer AG aus Leverkusen.

Im Frühjahr 1970 fuhr Bruchhäuser zudem mit seinem Vater für 14 Tage durch Westdeutschland und besuchte führende Möbelhersteller sowie Maschinenproduzenten, um sich über die Polyurethan-Verarbeitung zu informieren. Im Laufe des Jahres war Axel Bruchhäuser auch in Schwarzheide und tauschte sich

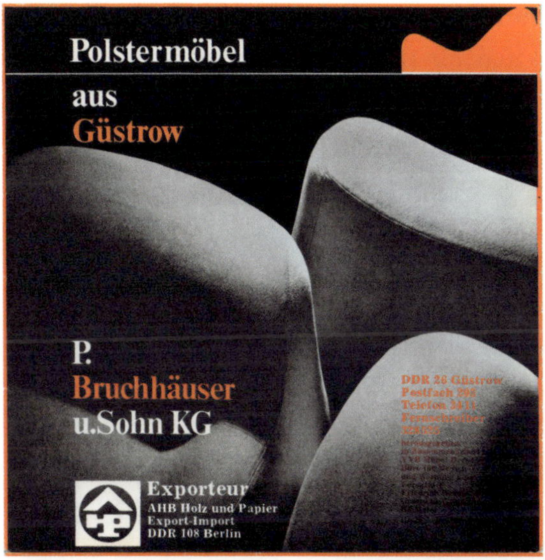

Nicht nur die Prospekte der privaten Polsterfirma Bruchhäuser waren 1971 auf internationalem Niveau.

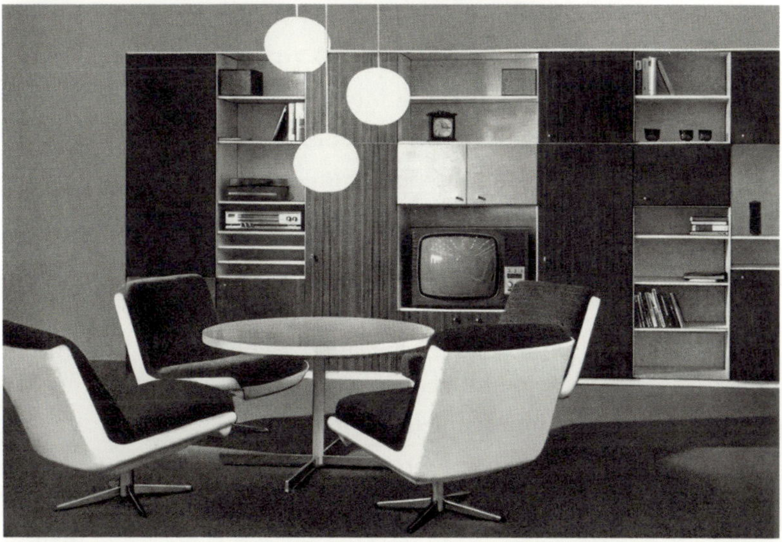

Der Sessel Schwerin war das erste ostdeutsche Möbelstück, das aus lackiertem Polyurethan gefertigt wurde, zeitgleich mit PU-Möbeln westdeutscher Firmen.

mit dem Werksdirektor über Polyurethan-Anwendungsmöglichkeiten für die Möbelindustrie aus. Es stellte sich heraus, dass die Verantwortlichen in Schwarzheide zwar an einer großen Produktionsanlage für Polyurethan arbeiteten, was man konkret damit produzieren könnte, war den dortigen Funktionären jedoch noch weitestgehend unklar.

Ergebnis der Gespräche zwischen Bruchhäuser und Schwarzheide war das Vorhaben, eng zusammenzuarbeiten. Zeitweise war sogar davon die Rede, dass Schwarzheide staatlicher Gesellschafter der Bruchhäuser Kommanditgesellschaft in Güstrow werden sollte. Die Firma Bruchhäuser wusste um die Bedeutung des zukunftsträchtigen Kunststoffes und versuchte durch eine Kooperation das bald zur Verfügung stehende Polyurethan schnell zum Einsatz zu bringen, denn seit 1969 arbeitete sie für ihre Möbelpolster mit kostenintensiv importierten PU-Grundstoffen. Gleichzeitig wollte sie Schwarzheide ihre Erfahrung bei der Verarbeitung anbieten und die eigenen Produktionskapazitäten für den Export ausweiten.

Zur Leipziger Herbstmesse 1970 präsentierte Bruchhäuser dann erstmalig seinen Sessel *Schwerin*. Mit diesem Möbelstück war die Firma auf der Höhe der internationalen Neuentwicklungen. Durch den notwendigen und sehr teuren Import der Rohstoffe war eine Fertigung in größeren Stückzahlen jedoch erst Ende 1971 wieder möglich. Man plante deshalb, ab 1972 in die Serienproduktion einzusteigen. 1971 wurde nur eine Kleinauflage des *Schwerin*-Sessels produziert.

Die Herbstmesse lohnte sich für Axel Bruchhäuser dennoch außerordentlich. Der damalige stellvertretende Minister für Außenwirtschaft Alexander Schalck-Golodkowski besuchte den Firmenstand und bekam mit, welches umfassende Fachwissen der 28-Jährige bereits über die verschiedenen Anwendungsmöglichkeiten von Polyurethan besaß – im Gegensatz zu den Verantwortlichen der Planwirtschaft. Bruchhäuser erinnerte sich später an diese Begegnung: »Schalck-Golodkowski wusste, dass ich ein überzeugter Unternehmer war, er brauchte aber solche Leute wie mich, unabhängig von der ideologischen Einstellung. So wurde ich parallel zu meiner Arbeit noch PUR-Fachberater bei der Intrac. Schalck-Golodkowski wurde damals so eine Art Mentor und gleichzeitig eine schützende Hand.«

Die Intrac Handelsgesellschaft mbH war ein, vor allem auf Chemieprodukte und Buntmetalle spezialisierter, staatlich kontrollierter Außenhandelsbetrieb und ein immer wichtiger werdender Teil der »Kommerziellen Koordinierung« (KoKo). Das KoKo-Firmengeflecht, angesiedelt beim Ministerium für Außenhandel unter der Leitung des SED-Mitgliedes Alexander Schalck-Golodkowski, war Mitte der 1960er Jahre in Ostberlin gegründet worden, um jenseits der Planwirtschaft Devisen für die DDR zu beschaffen. Diese pragmatische Arbeitsweise wurde notwendig, da zu diesem Zeitpunkt noch keiner der westlichen Staaten diplomatische Beziehungen mit der DDR aufgenommen hatte – ein Ergebnis des Kalten Krieges. Dadurch war es für Ostdeutschland nicht möglich, Kredite bei westlichen Banken zu bekommen. Gleichzeitig benötigte die DDR aber frei konvertierbare Währung, um auf dem Weltmarkt beispielsweise Rohstoffe einkaufen zu können, die sie nicht selbst besaß, produzieren oder aus anderen sozialistischen Ländern einführen konnte. Also versuchte die Intrac im Auftrag der KoKo, Ostprodukte zu Westgeld zu machen, und bediente sich dabei marktwirtschaftlicher Methoden. Deshalb war es Schalck-Golodkowski auch völlig egal, dass Axel Bruchhäuser alles andere als ein Kommunist war. Ideologie spielte bei der KoKo eine untergeordnete Rolle, es ging ganz pragmatisch darum, Devisen für die DDR zu erwirtschaften. Denn trotz fehlender diplomatischer Anerkennung der DDR durch die westlichen Staaten gab es damals bereits vielfältige Handelsbeziehungen zwischen Ost und West, die nicht selten auf der Leipziger Messe eingefädelt wurden, dem traditionellen Ort für internationalen Handel, vor allem zwischen Ost- und Westeuropa. Mit dem Synthesewerk Schwarzheide beispielsweise arbeitete die Intrac bereits seit einiger Zeit auf dem Gebiet des Imports und Exports von Chemierohstoffen zusammen. Und mit der Firma Bruchhäuser hatte die Intrac einen Exportvertrag über ein weiteres Sesselmodell für das westdeutsche Versandhaus Quelle geschlossen.

So langsam und bürokratisiert die Planwirtschaft in der DDR normalerweise war, die Zusammenarbeit der Intrac mit Axel Bruchhäuser legte ein anderes Tempo vor: »Schalck-Golodkowski hatte mir nach unserem ersten Zusammentreffen 1970 ein Dauerreisevisum besorgt und einen roten Opel Commodore zur Verfügung gestellt. Mit diesem Auto machte ich dann ab Herbst 1970 meine Forschungsreisen nach Italien, Holland, in die Schweiz und nach Westdeutschland und war Tag und Nacht unterwegs in Sachen Polyurethan. Ich war in dem Zusammenhang auch bei Bayer in Leverkusen in der technischen Entwicklungsabteilung.«

Fasziniert von den schier unendlichen Möglichkeiten, die dieser Kunststoff bot, beschäftigte sich Bruchhäuser neben seiner Arbeit im Familienbetrieb mit weiteren Anwendungsmöglichkeiten: »Im Zuge meiner Forschungen habe ich nicht nur Überlegungen angestellt, wie man Möbel aus Erdöl produziert, sondern auch andere Dinge, wie Autositze aus Polyurethan-Hart- und Weichschaum für den PKW Wartburg. Ich hatte damals einen Autositz als Prototypen hergestellt. Für das Fernsehgerätewerk in Staßfurt hatte ich die Idee, TV-Gehäuse aus Polyurethan herzustellen. Ebenso Tischtennisschläger und Särge, um Holz zu sparen. Mit einem Arzt aus Hagenow wollte ich für die Schienung von Knochenbrüchen den kalten und nassen Gips durch Polyurethanschaum ersetzen. Ich hatte mehr als 20 Anwendungsideen im Kopf, aber immer unter der Prämisse, dass sie realisierbar sein müssen. Dazu schrieb ich auch wissenschaftliche Abhandlungen. Die Funktionäre waren ja eher verschlafen, das waren keine Unternehmer oder Marktwirtschaftler, sondern Planwirtschaftler, die konnten das nicht. Aber ich war damals besessen von der Realisierung solcher

Ideen.« Im Herbst 1970 stand Axel Bruchhäuser deswegen mit mehr als 25 DDR-Betrieben in Kontakt. Ideen waren also reichlich vorhanden, deren Umsetzung erwies sich aber aufgrund des noch fehlenden Polyurethans aus Schwarzheide als schwierig. Bruchhäuser fokussierte seine Arbeit deshalb vor allem auf Anwendungsmöglichkeiten für seine eigene Möbelfirma.

Möbel aus Kunststoff Made in Western Germany

Das Angebot regelt im Kapitalismus die Nachfrage, und die Kleinmöbel aus verschiedenen Kunststoffen, die in der zweiten Hälfte der 1960er Jahre in Westeuropa immer bekannter wurden, ließen dort natürlich die Nachfrage steigen. Auch in den Medien wurden die neuen Materialien und Designs als die Zukunft im Möbelbau angepriesen. Viele kleinere und mittelständige Möbelhersteller in der Bundesrepublik, die bis dato traditionell Holz oder Metall verarbeitet hatten, standen zu Beginn der 1970er Jahre – wie es eine Fachzeitschrift ausdrückte – vor der Frage: »Was soll ich tun? Mache ich nichts, geht mir unter Umständen ein bedeutender Markt verloren. Steige ich sofort groß ein, könnte ein Fehlschlag den Ruin des Unternehmens bedeuten!«[14] 1972 rechnete sich für eine Möbelfirma die Investition in ein Thermoplast-Guss-Verfahren ab einer Möbelstückzahl von 20000 Stück. Polyurethan-Technologie lohnte sich hingegen bereits für Möbelserien unter 5000 Stück. So oder so – die Anfangsinvestition betrug seinerzeit mehrere Millionen D-Mark.[15]

1970 gab es mittlerweile dutzende verschiedene

Stühle und andere Kunststoff-Kleinmöbel in kräftigen Farben und durchaus futuristischem Design auf dem westdeutschen Markt – teilweise in Italien entwickelt und produziert. Die italienische Firma Kartell verkaufte in den frühen 1970er Jahren in Westdeutschland vor allem kleine, stapelbare Kunststoffcontainer, die besonders in Badezimmern schnell Verbreitung fanden, sowie Stapelstühle und andere Kleinmöbel aus Thermoplast. In der Bundesrepublik nahmen nun auch etablierte Möbelhersteller wie die Firma Casala aus der Nähe von Hannover Kunststoffmöbel ins Programm. Casala war in den 1960ern hauptsächlich mit Sitzmöbeln aus Holz bekannt geworden. Doch nun passten die drei Plastik-Stuhlmodelle und ein Hocker, entworfen von Alexander Begge, zum neuen Möbeldesign der Zeit.

Unter dem Sammelbegriff Monobloc wurde seit den frühen 1970er Jahren ein stapelbarer Kunststoffstuhl in nur einem Arbeitsgang im Spritzgussverfahren aus Polypropylen hergestellt. Als Erfinder des Monobloc gilt der französische Ingenieur Henry Massennet. Andere europäische Produzenten übernahmen die Idee, änderten das eher konventionelle Design geringfügig – und die Massenproduktion begann. Man schätzt heute, dass der Monobloc in seinen verschiedenen Ausführungen mit etwa einer Milliarde Exemplaren das meistverkaufte Möbelstück aller Zeiten ist.

Der *Panton-Chair* der Firma Vitra, vormals Fehlbaum, war das erste Möbelstück aus Polyurethan. Vom Hersteller wurde – dem Zeitgeist entsprechend – eine

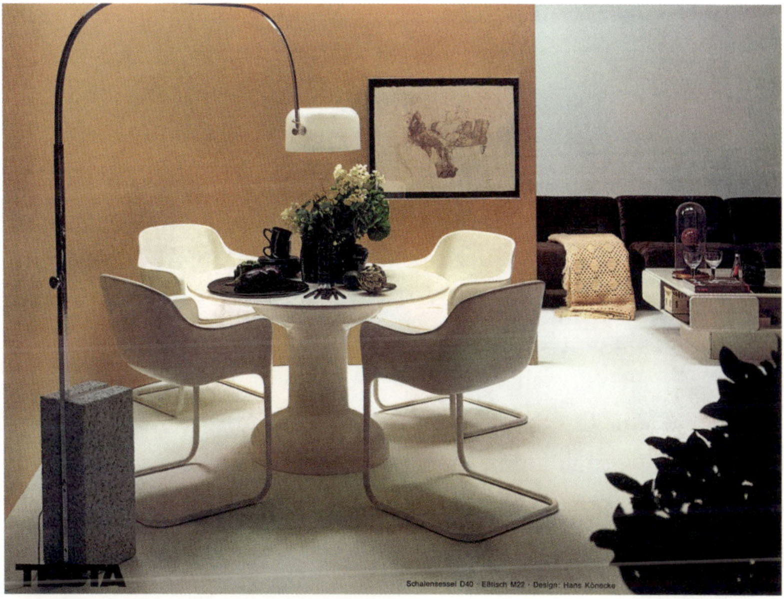

Die westdeutsche Firma Tecta hatte mehrere PU-Möbel im Programm, wie diese Sitzgruppe.

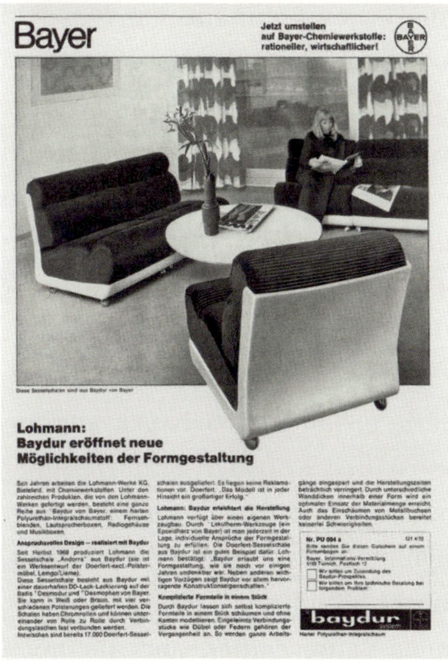

Bayer warb mit unterschiedlichen Möbelherstellern für ihren PU-Kunststoff Baydur, wie hier in einer Anzeige von 1972.

ganze »Fehlbaum Collection« aus verschiedenartigen Kunststoffmöbeln angeboten. Vitra war jedoch nicht die einzige westdeutsche Firma, die Ende der 1960er Jahre Möbel aus Polyurethan herstellte. Im niedersächsischen Lauenförde experimentierte die Firma Tecta seit 1968 ebenfalls mit dem neuen Werkstoff. Ab 1970 verkauften sie einen vom Firmeninhaber Hans Köneck entworfenen Freischwingerstuhl mit Bauhaus-inspirierten Stahlrohrfüßen, auf denen eine PU-Sitzschale thronte. Auch eine wuchtige Säule, auf die Tischplatten aus Glas oder lackiertem Holz gelegt werden konnten, sowie Polyurethan-Sesselgestelle aus Doppel-T-Formen wurden produziert. Die Stückzahlen blieben jedoch klein, der Schwerpunkt von Tecta lag auf Stühlen und Sesseln aus Stahlrohr. Bereits seit Herbst 1968 stellte die Firma Lohmann aus Bielefeld eine Sesselschale aus Baydur für die Postermöbelfirma Doerfert aus Lemgo her. Der Polstersessel *Andorra* bestand aus einer weiß lackierten L-förmigen Schale, in die eine großzügige Polsterung eingefügt wurde und die durch kleine Rollen beweglich war. Nach Angaben von Bayer waren bis Frühjahr 1972 bereits 17 000 dieser Sesselschalen aus ihrem Kunststoff Baydur produziert worden.[16]

Das größte in Serie gebaute Möbelstück aus Polyurethan entwarf 1970 der Künstler und Designer Ernest Hofmann – bekannt unter dem Namen Ernest Igl – für die Rosenheimer Büromöbelfabrik von Wilhelm Werndl. Sein Büroschreibtisch – futuristisch wie die Steuerkonsole eines Raumschiffes, aber dennoch

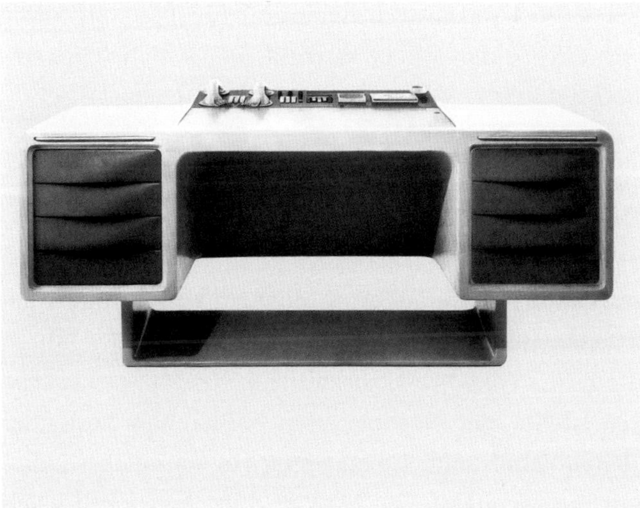

Dieser Schreibtisch von Ernest Igl für die Rosenheimer Möbelfirma Werndl ist das größte aus Polyurethan gefertigte Möbelstück.

alltagstauglich mit Platz für Schubfächer auf beiden Seiten – wurde aus nur einem Stück aus Baydur gefertigt. 1972 produzierte die Firma zwischen 30 und 50 Schreibtische pro Monat, bei einem Verkaufspreis von stattlichen 2500 D-Mark pro Stück.[17] Zusätzlich kam noch der etwas kompaktere und in seinem Aussehen etwas konventionellere PUR-Schreibtisch *Igl Jet* aus drei Teilen im Space Age-Design, ebenfalls designt von Igl und produziert von Werndl, auf den Markt.

Zu Beginn der 1970er Jahre nahmen weitere westdeutsche Kleinmöbelhersteller versuchsweise Möbel aus Polyurethan in ihr Programm auf, etwa die Firma Opal. Sie produzierte einen multifunktionalen Beistelltisch und noch kleinere Beistelltische aus anderen Kunststoffen unter der Bezeichnung »OPAL Harmonie

Sets«. Doch all diese Firmen waren nicht so wagemutig wie ein kleiner Möbelfabrikant aus Baden-Württemberg.

Die Horn Collection

Im knapp 40 Kilometer nordöstlich von Stuttgart gelegenen Rudersberg arbeitete seit den 1930er Jahren die Firma von Otto Horn mit Holz. In der Nachkriegszeit stellte der Betrieb erste Möbel her, Ende der 1950er Jahre auch Holzgehäuse für namhafte Radio- und Fernsehhersteller. Parallel dazu entwickelte sich die Firma zu einem bekannten Produzenten für Nähmaschinenmöbel. Nach dem Tod des Vaters übernahm Dieter Horn den Familienbetrieb. Mitte der 1960er wurden bei Horn neben Produkten aus Holz bereits Nähmaschinenkoffer und Nähboxen aus Polystyrol-Kunststoff im Spritzgussverfahren hergestellt. Nachdem die Bayer AG den Werkstoff Baydur 1967 auf den Markt gebracht hatte, knüpfte die Firma Horn Kontakt nach Leverkusen. Der neue Kunststoff versprach viel, und Horn stellte daraufhin einen Diplomingenieur und einen weiteren Mitarbeiter ein, um praxistaugliche Anwendungen auf den Weg zu bringen. 1969 entstanden in der Firma erste Produkte aus Polyurethan, zunächst Schalenbretter für die Betonindustrie und Gehäuseformen für Elektrotechnik.

Doch Dieter Horn beschäftigte sich auch mit der Idee, Möbel aus Polyurethan herzustellen. Das Entwurfs- und Designbüro des gebürtigen Schweizers Gilles Thevenot aus Baden-Baden wurde 1970 beauftragt, mehrere kombinierbare Beistelltische in verschiedenen Größen und in einem zeitgemäßen Design zu entwerfen. Schlichte Beistelltische mit abgerundeten Ecken und in kräftigen Farben, aus Thermoplast oder glasfaserverstärkten Kunststoffen, gab es in dieser Zeit bereits einige, vor allem von italienischen Firmen, wie Artemide aus Mailand, designt von Vico Magistretti, oder einen Beistelltisch auf Rollen von Alberto Rosselli für Kartell. Die Firma Knoll International verkaufte 1970 einen aus weiß lackiertem Aluminium. Auch der westdeutsche Designer und Kunststoffpionier Wolfgang Feierbach hatte ein Modell designt, das es als Ausstattungsmöbel sogar ins Bonner Abgeordnetenhaus schaffte.

Die Beistelltische von Gilles Thevenot für Horn waren vom Grunddesign her also keine revolutionäre Neuerfindung. Das Besondere war, dass aus einigen wenigen Grundformen verschiedene Größen und auch zweistöckige Beistelltische auf Rollen angeboten wurden – eine ganze Kollektion aufeinander abgestimmter Möbel: Die *Horn Collection* war geboren. So wurde es möglich, aus wenigen Schäumformen durch Kombinationen und Verbindungen mit Holzdübeln viele verschiedene Möbelstücke zu produzieren. Zur Kölner Möbelmesse im Januar 1971 präsentierte die Firma diese Beistelltische unter dem Werbeslogan »Horn Collection für lebendiges Wohnen« erstmalig auf dem Gemeinschaftsstand von Baden-Württemberg.

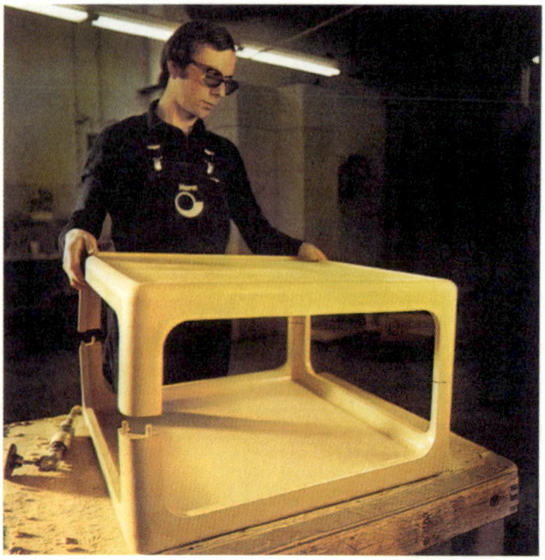

Herstellung eines rollbaren Beistelltisches im Werk in Rudersberg

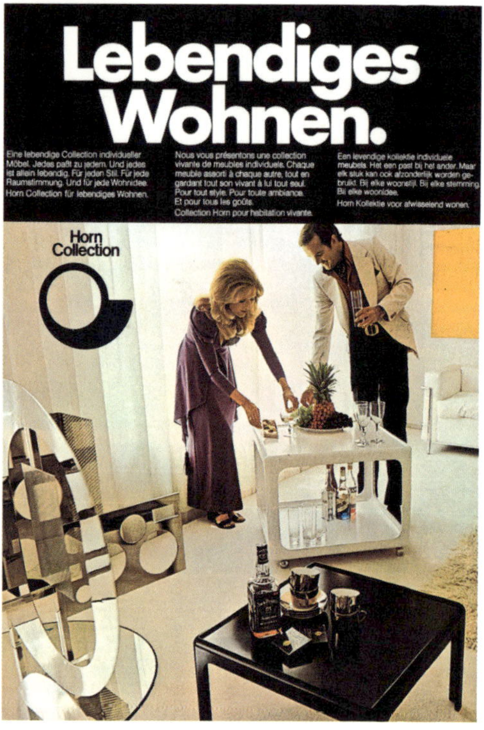

Mit verschiedenen Prospekten warb die Firma Horn für ihre Collection. Auf dem Titelbild sind zwei der Beistelltische, designt von Gilles Thevenot, zu sehen.

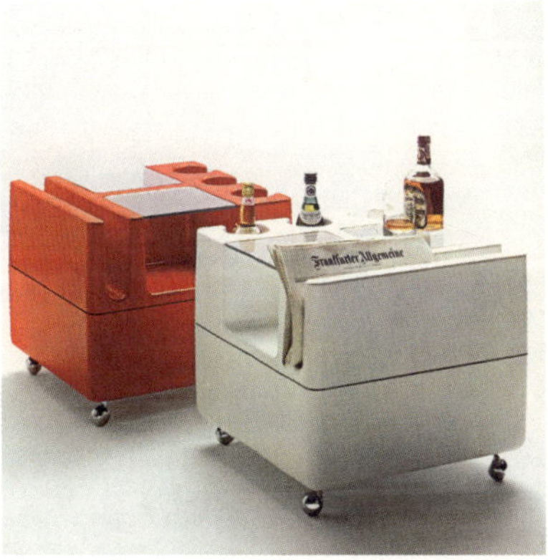

Wie auch die Beistelltische gab es den Barwagen, entworfen von Gilles Thevenot, in verschiedenen Farben.

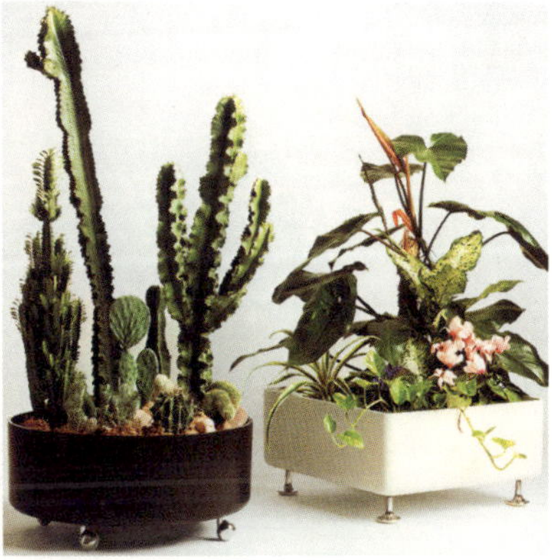

Reiner Moll designte für die Horn Collection eine runde und eine quadratische Blumenwanne.

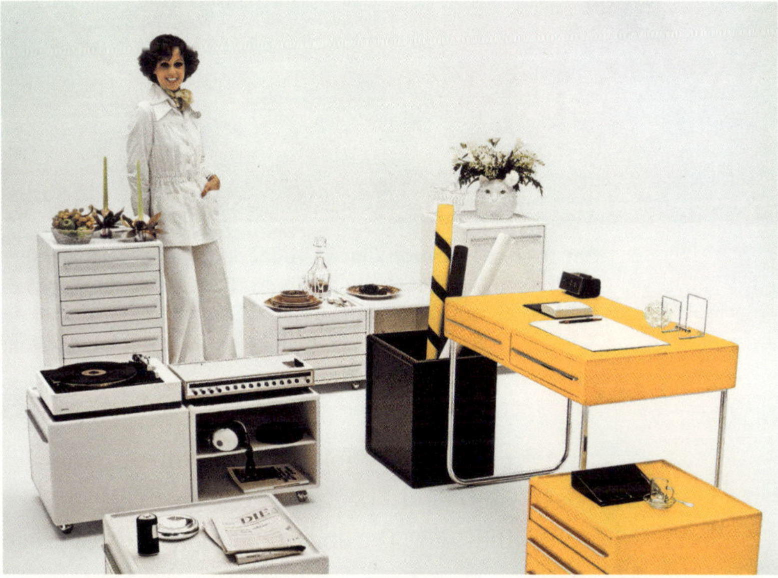

Für das von Reiner Moll entworfene Team Tainer-Programm der Horn Collection wurden Schubladen aus Holzspanplatten verbaut, der Korpus und die Türblenden waren aus Polyurethan.

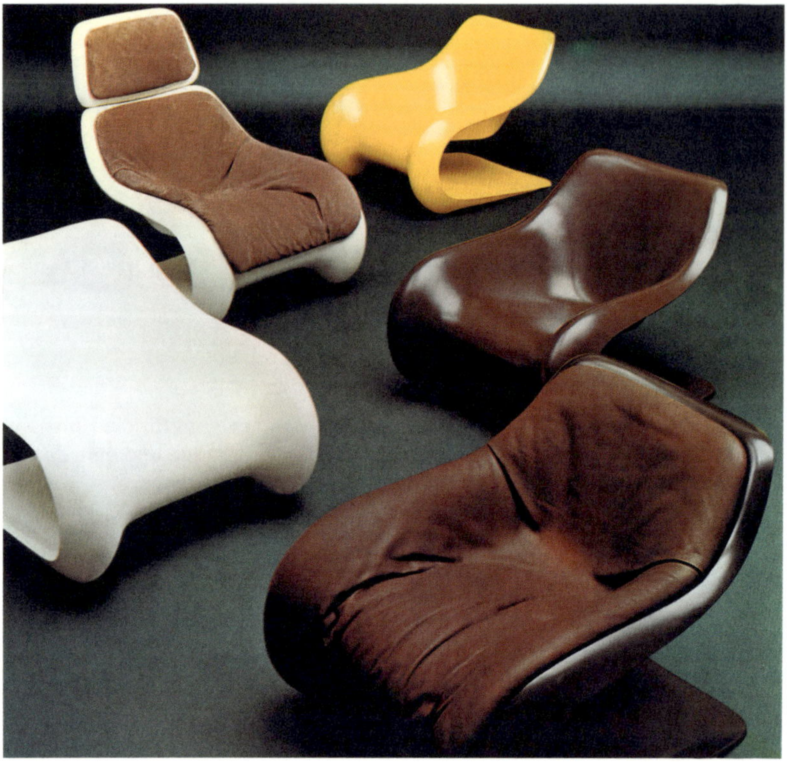

Der Targa-Sessel von Claus Uredat ist eines der experimentellsten Möbelstücke aus Polyurethan, da es die Materialbelastbarkeit am Weitesten ausreizt. Es gab ihn mit und ohne Kopfstütze und auch wahlweise mit Polsterung.

Weitere PU-Möbel folgten kurz darauf, wie ein Drei-Satz-Tisch und ein Barwagen, ebenfalls designt von Gilles Thevenot. Darüber hinaus entwarf der junge Industriedesigner Reiner Moll aus Schwäbisch Gmünd Blumenwannen und das »Team Tainer«, ein System aus kombinier- und teilweise rollbaren Kleincontainern mit Schubladen und Türen, sowie einen dazu passenden Schreibtisch aus Polyurethan. Der Bayer-Kunststoff wurde dabei als »wohnlichste[r] aller neuen Werkstoffe« bezeichnet. Das Verständnis der *Horn Collection* fasste man im Prospekt so zusammen: »Möbel, die es selbstverständlich finden, sich einer neuen Umgebung anzupassen. Die sich in antiker Atmosphäre schlicht geben. Und in der modernen Einrichtung zeitlos. Die, je nach Standort, Akzente setzen oder sich zurückhalten. Möbel, die Stil haben, ohne sich in den Vordergrund zu spielen. Eine neue Art, Modernes und Ästhetik zu verbinden.« Obgleich es sich um die übliche blumige Sprache eines Werbekatalogs handelt, wird doch das Selbstbewusstsein deutlich, das die Firma Horn in Bezug auf den neuartigen Kunststoff und das Design hatte. Und es gab weitere Zusammenarbeiten mit externen Gestaltern: So lieferte Claus Uredat den Entwurf des freischwingenden Sessels *Targa,* der die neuen Design-Möglichkeiten, die mit Polyurethan realisierbar waren, deutlich aufzeigte. Aber es fehlte noch ein alltagstauglicher Stuhl …

Der Känguruh-Stuhl

Bereits Ende der 1960er Jahre war die Firma Horn mit dem Stuttgarter Industriedesigner Ernst Moeckl in Kontakt gekommen. Moeckl entwarf damals gerade Computermöbel für die Firma Nixdorf und Horn stellte diese her. Ernst Moeckl wurde 1931 geboren und studierte von 1954 bis 1959 Produktdesign an der Hochschule für Gestaltung in Ulm (HfG), die als der westdeutsche Bauhaus-Nachfolger galt. Bereits während seines Studiums entwarf er unterschiedliche Produkte für Firmen (u. a. Türklinken, Essbesteck, Küchenuhren). Nach seinem Studium an der HfG eröffnete er 1960 in Stuttgart sein eigenes Büro für »Gestaltung von Industrieprodukten«, beschäftigte in der Folgezeit bis zu 15 Mitarbeiter und verfügte über eine eigene Modellbauwerkstatt. Bekannt wurde er 1964 mit einem sehr reduzierten und Bauhaus-geprägten Konferenz- und Arbeitstisch aus Metall mit einer Palisander-Tischplatte für die Firma Lübke aus Rheda-Wiedenbrück in Ostwestfalen, als Bestandteil eines modularen Systems von Schreibtischen, Besprechungstischen und Sideboards. 1966 folgten weitere Sitzmöbel für Lübke, hauptsächlich aus Leder und verchromten Metallgestellen.

In der zweiten Hälfte der 1960er Jahre experimentierte Moeckl aber auch mit organischen Möbeldesigns, die perfekt in die Space Age-Ära passten. Wie viele Designer dieser Zeit versuchte er sich an einem freischwingenden und stapelbaren Kunststoffstuhl aus nur einem Guss. Verschiedene Beinvarianten wurden ausprobiert, aber erste Versuche mit glasfaserverstärktem Polyester brachten noch nicht die notwendigen Gebrauchseigenschaften mit, da der Kunststoff zu brüchig war. Moeckl hatte sich für diese Arbeit natürlich auch mit dem damals omnipräsenten *Panton-Chair* beschäftigt. Doch dessen Fußkonstruktion wirkte auf ihn zu massig, ihm

schwebte ein leichteres Fußgestell mit mehr Beinfreiheit vor, das auch ein gewisses Federn beim Sitzen ermöglichen sollte. Sein Stuhl sollte darüber hinaus für Veranstaltungsräume geeignet und deshalb stapelbar sein. In der eigenen Modellwerkstatt wurden zunächst verschiedene Entwürfe getestet. Die Firma Horn zeigte Interesse an Moeckls Arbeiten und bat ihn, einen Stuhl für die gerade gestartete *Horn Collection* beizusteuern. Nach weiteren Änderungen und Optimierungen des Designs entstand daraus der sehr bequeme und stapelbare *Känguruh*-Stuhl.[18] Seinen Namen bekam er von den beiden markanten Stuhlbeinen, die an die Beine eines Kängurus erinnern. Das deutsche Gebrauchsmuster wurde im Frühjahr 1971 zunächst als »Federnder Stuhl« angemeldet. Darin erwähnte Moeckl auch die in der damaligen Zeit offenbar wichtige Besonderheit des Stuhls, »dass der Bodenraum zwischen den Stützen leicht und bequem sauber gehalten werden kann«, was zur Folge hat, dass im Gegensatz zum *Panton-Chair* »das Bilden von Schmutznestern, die bei den bogenförmigen Stützenverbindungen kaum vermeidlich sind, unterbunden wird«.[19]

Dennoch ging der *Känguruh*-Stuhl nicht sofort in Produktion. Zunächst waren Feinarbeiten bis zur Produktionsreife nötig. Bayer, an der weiteren Verbreitung seines Kunststoffes Baydur für die Möbelindustrie interessiert, vermittelte Horn hierfür den Kontakt zur Firma Eck Formenbau GmbH aus Rastatt, in dieser Zeit die einzige Firma in Westdeutschland, die die notwendigen Stahlwerkzeuge in der erforderlichen Genauig-

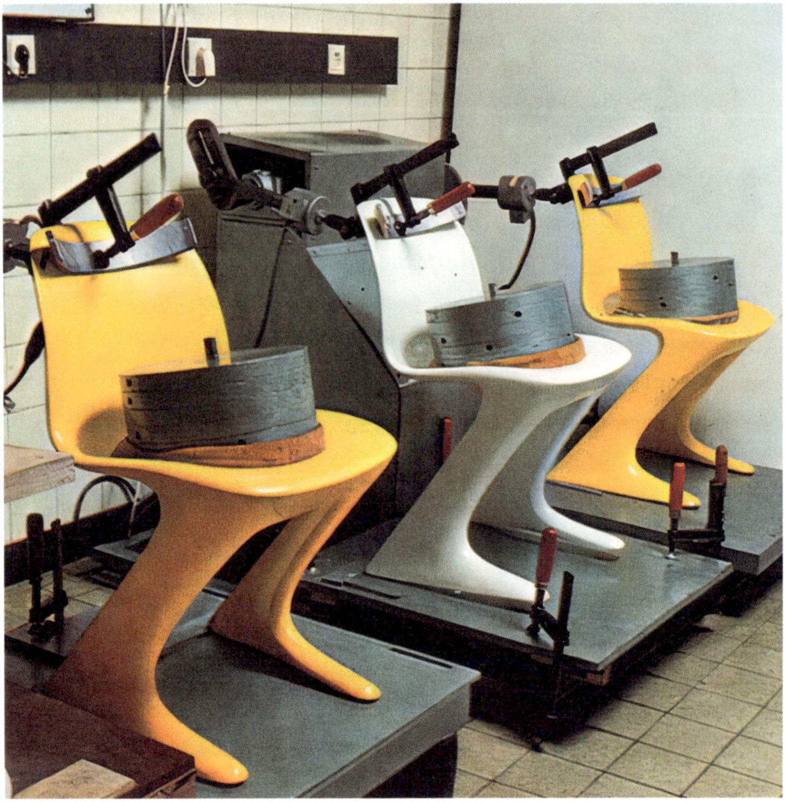

Der erfolgreiche Belastungstest der Känguruh-Stühle wurde von Bayer als Werbung für die Haltbarkeit von Baydur verwendet.

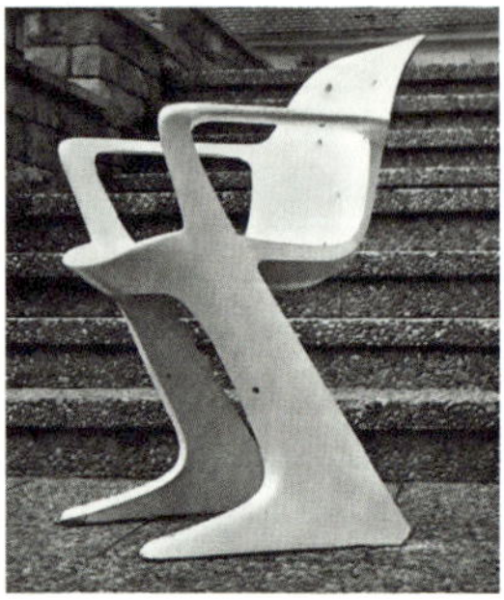

Bevor der Känguruh-Stuhl mit Armlehnen aus Polyurethan in Serie ging, wurde von der Firma Modellier- und Design-Service Ehningen ein Eins-zu-eins-Prototyp gefertigt.

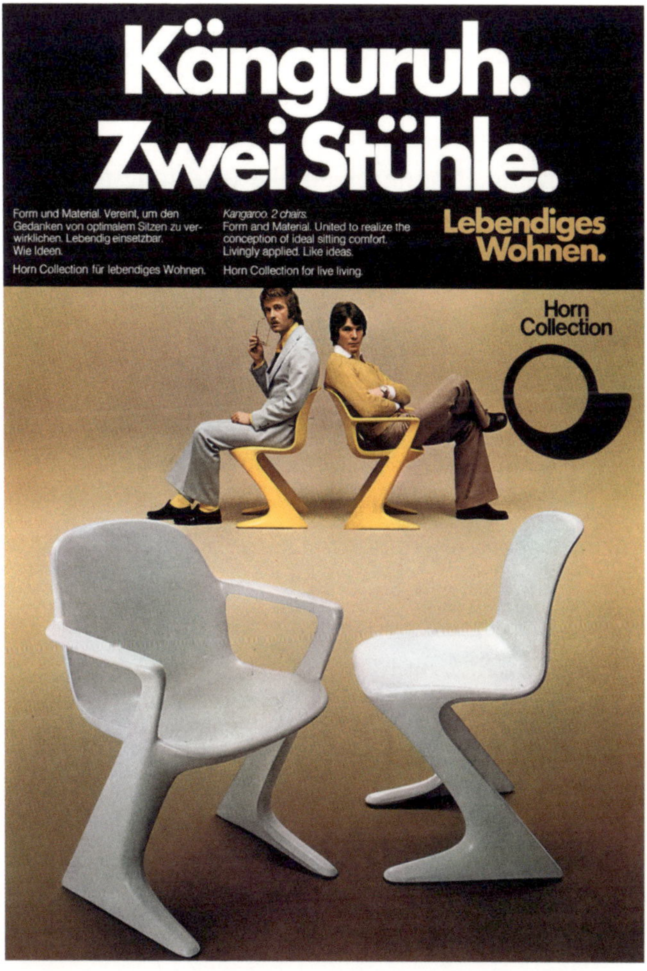

Prospekt der Firma Horn für ihren Känguruh-Stuhl in seinen beiden Ausführungen. Es gab ihn zudem mit Auflagepolster aus Woll-Leinen und Glattleder.

keit produzieren konnte. Auch die Firma Siemag, ein Betrieb, der passende Maschinen herstellte, wurde in die Entwicklung mit eingebunden. Schließlich folgten in einem Versuchslabor von Bayer in Leverkusen noch 1971 umfangreiche mechanische Belastungstests, um die Festigkeit von Design und Material zu überprüfen. Dabei wurde auf dem Stuhl simuliert, dass eine 60 Kilogramm schwere Person sich hinsetzte und anlehnte. Nach zwei Millionen Versuchen, die zu keinerlei Materialermüdungen führten, beendete man den Test. Material und Design hatten sich als äußerst belastbar erwiesen. Somit konnte der Stuhl im Januar 1972 auf der Kölner Möbelmesse vorgestellt werden. Ein halbes Jahr nach Produktionseinführung kam zudem die Variante *Känguruh 2* mit Armlehnen hinzu. Zusätzlich wurde später auch eine durchgehende, fest montierte Bepolsterung von Sitz und Lehne angeboten, wahlweise in Stoff oder hellbraunem Leder.

Um die *Känguruh*-Stühle für Wohnräume attraktiv zu machen, entstanden passend dazu zwei Polyurethan-Tischmodelle: ein von Moeckl designter runder Tisch, der in mehrere Teile demontierbar war, und ein rechteckiger aus einem Guss, dessen Designer nicht mehr ermittelbar ist.

Anders als Vitra mit ihrem ikonografischen *Panton-Chair* verfügte die Firma Horn allerdings nicht über ein großes Werbebudget. Bayer wies zwar in der Folgezeit die Möbel von Horn in eigenen Prospekten und Anzeigen in Fachzeitschriften als Referenz für ihren Werkstoff Baydur aus, eine große Marketing-Kampagne wie

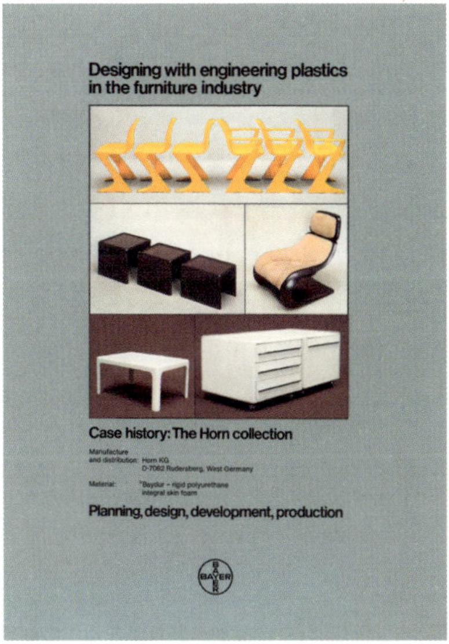

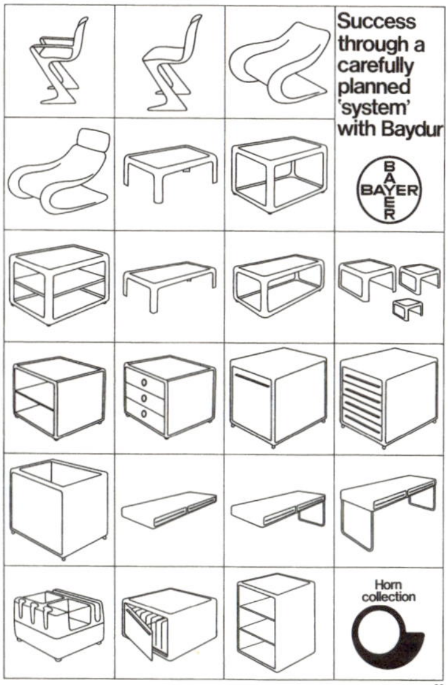

Bayer machte ihren Kunststoff Baydur auch in der internationalen Fachwelt bekannt – mit den Möbeln aus der Horn Collection.

Ein Einlegeblatt für die Prospekte der Horn Collection listet Mitte der 1970er Jahre die verschiedenen erhältlichen Möbel auf.

seinerzeit bei der Markteinführung des *Panton-Chair* kam jedoch nicht zustande. Horn entschied sich frühzeitig, keine kostspielige Werbung in Zeitschriften wie der *Schöner Wohnen* zu schalten, sondern setzte nahezu ausschließlich auf die Vertreter-Struktur für Möbelhäuser, über die die Firma bereits seit Jahren ihre Holzmöbel verkauft hatte. Das führte in den Folgejahren zwar zu soliden Verkaufszahlen, den durchaus futuristisch anmutenden Möbeln der *Horn Collection* blieben dadurch aber eine größere mediale Aufmerksamkeit und auch die Anerkennung der Designer-Fachwelt in Westdeutschland weitestgehend verwehrt – im Gegensatz zum *Panton-Chair.* Einzig der *Känguruh*-Stuhl mit Armlehnen wurde 1979 vom Design Center Stuttgart in der ständigen »Ausstellung gut gestalteter Industrieprodukte« gewürdigt. In Zeitschriften wie der *Schöner Wohnen* tauchten in den 1970er Jahren immerhin gelegentlich die verschiedenen Beistelltische von Gilles Thevenot auf Wohnraumfotos auf.

Horn aus Rudersberg bot mit der *Horn Collection* als erste Firma weltweit ein gesamtes Programm aus etwa 30 verschiedenen Polyurethan-Möbeln an, mit modernem, teilweise sogar futuristischem Design. Durch die enge Zusammenarbeit mit dem Polyurethan-Lieferanten Bayer waren die Produktionsanlagen und Verfahrensabläufe in Rudersberg auf dem aktuellsten technischen Stand für die PU-Möbelproduktion. Und das alles, obwohl Horn letztlich nur ein mittelständisches Unternehmen mit gut 100 Beschäftigten war. 1973 produzierte der Betrieb etwa 350 Möbelstücke pro Tag. Allein vom *Känguruh*-Stuhl wurden in guten Jahren zwei- bis dreitausend Stück jährlich in Rudersberg produziert.

Das Garten-Ei

Soweit wie die Firma Horn aus Baden-Württemberg war man zu Beginn der 1970er Jahre im niedersächsischen Lemförde, wo sich Gottfried Reuter und seine Firma Elastogran seit Jahren mit Polyurethan beschäftigt hatten, noch nicht. 1968 hatte er zusätzlich ein

Design-Center gegründet und den jungen Architekten Peter Ghyczy (1940 in Budapest geboren) als freien Mitarbeiter engagiert. Ghyczy war 1956 nach dem Volksaufstand in Ungarn mit seiner Familie nach Westdeutschland geflüchtet. 1960 hatte er ein Architekturstudium an der Technischen Hochschule in Aachen begonnen und 1967/68 zunächst kurzzeitig in verschiedenen Berufen gearbeitet. Dann hörte er davon, dass im niedersächsischen Lemförde an Anwendungsmöglichkeiten für den gerade populär werdende PU-Kunststoff geforscht wurde.

Nachdem 1968 auf der Kölner Möbelmesse mit großem Werbeaufwand der *Panton-Chair* und im Zuge dessen auch die neuen Verwendungsmöglichkeiten für Polyurethan von der Bayer AG präsentiert worden waren, stand zweifelsfrei fest, dass hier ein neues Kapitel der Möbelgeschichte geschrieben wurde. Als Experte für PU-Produktionsabläufe und -Anwendungen wollte Reuter aus Lemförde sowohl Designs als auch Technologien und Rohstoffe liefern. Weil er aufgrund der guten Dämmeigenschaften für Polyurethan großes Potenzial beim Häuserbau sah, stellte er Ghyczy zunächst als Architekten ein. Es entstanden Entwürfe für Wohncontainer und gestaltete Fassadenelemente, aber auch für Möbel. Noch 1968 entwarf Peter Ghyczy ein aufklappbares ovales Gartenmöbel, möglicherweise inspiriert von dem *Pastil-Chair* des finnischen Designers Eero Aarnio aus dem Jahr 1967. Ghyczys Idee war, dass man die Polsterauflagen nicht wegräumen muss und sie im Falle eines Regengusses trocken bleiben –

das »Garten-Ei« war geboren, wenn auch noch nicht gleich unter diesem Namen. Elastogran meldete Mitte Dezember 1968 das Patent für einen »insbesondere als Gartenmöbel verwendbaren Sitz aus Kunststoff mit Zellstruktur« an.

An mehreren Prototypen wurde zunächst die strukturelle Belastbarkeit von Polyurethan für die ungewöhnliche Form getestet. Peter Ghyczy erinnerte sich später in einem Interview: »Mein erstes Garten-Ei [...] hatte eine Wanddicke von sechs, sieben Zentimetern. Beim zweiten Prototyp war die Wand schon dünner, drei Zentimeter; und der dritte Prototyp entsprach dann der jetzigen Version, mit zwei Zentimetern Wanddicke.«[20] Ghyczy wurde zum leitenden Mitarbeiter von Reuters Design-Center in Lemförde. Dort sollte er unkonventionelle Entwürfe aus Polyurethan liefern, mit einem Budget von einer Million D-Mark.

Anfang Dezember 1970 eröffnete Reuter ein von Ghyczy entworfenes neues Firmengebäude für das »Elastomer-Design-Center« in Lemförde. Das zweistöckige Haus bestand aus mit Aluminium verkleideten Polyurethan-Modulen und verfügte über eine große Glasfront. Zur Einweihung präsentierte man die eigenen Produkte und Prototypen von Möbeln aus Polyurethan, an denen unter anderem Ghyczy in den letzten drei Jahren gearbeitet hatte. Im Design-Center waren etwa ein Dutzend Personen tätig, darunter auch Pols-

Peter Ghyczy im ersten Prototypen des Garten-Ei in Lemförde

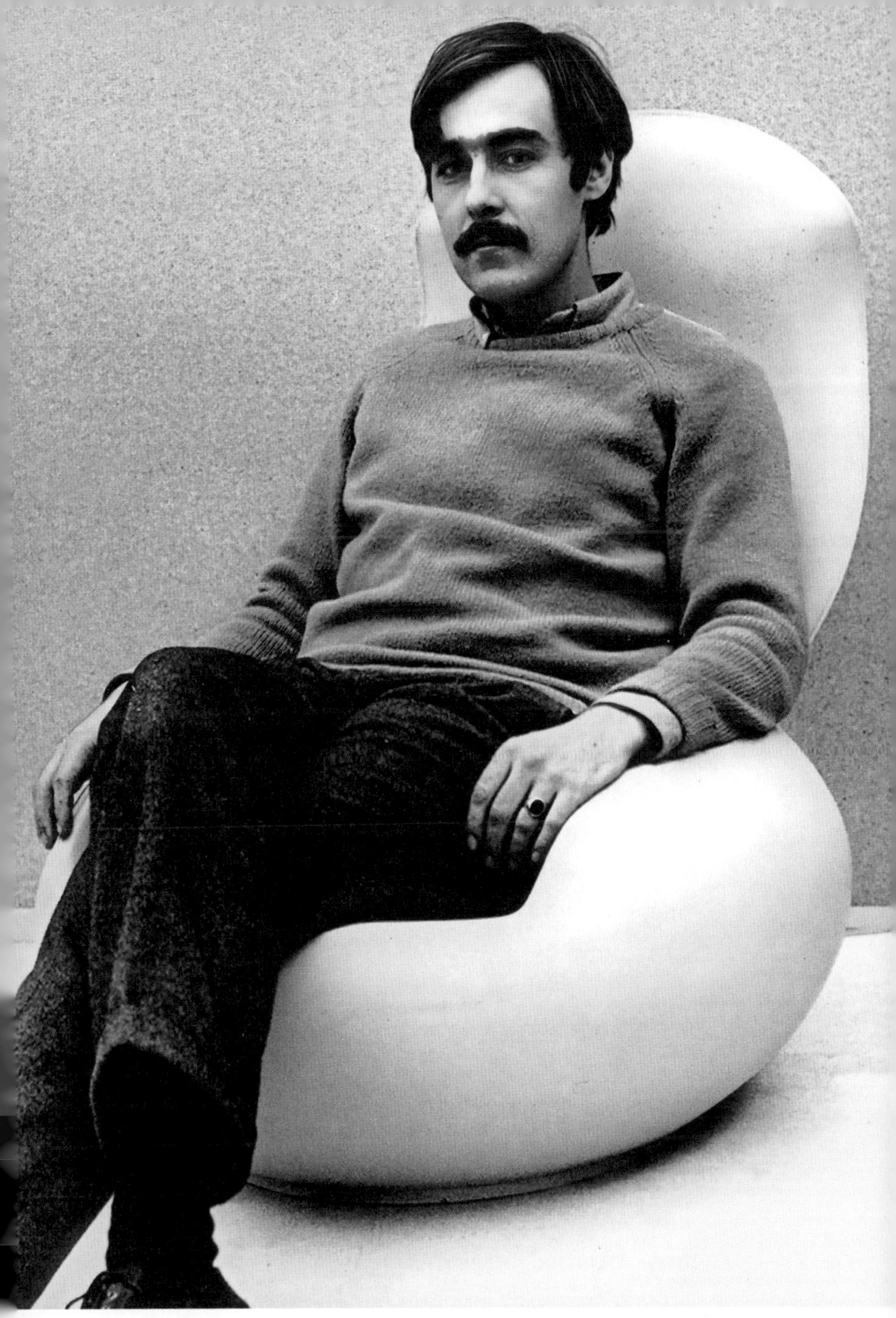

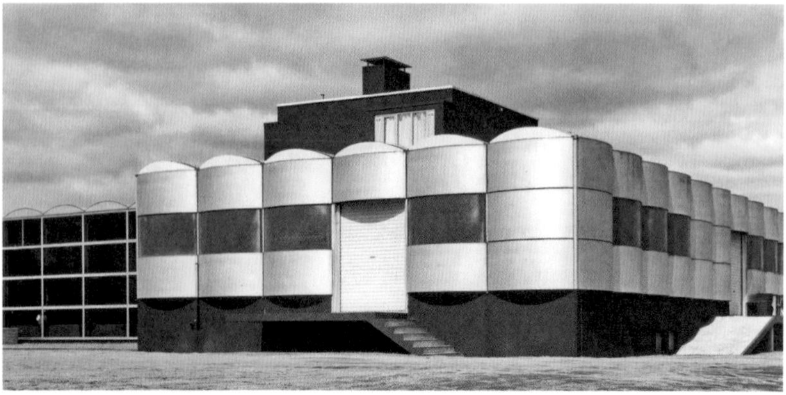

Das Design-Center in Lemförde

terer und Lackierer. Das Besondere war, dass Reuter keine angeschlossene Möbelproduktion oder Vertriebswege hatte. Bei der eigens gegründeten Elastomer Design GmbH handelte es sich in erster Linie um eine Art »Denkfabrik«, es ging darum, Polyurethan als Material für unkonventionelle Möbeldesigns auszutesten. Dementsprechend konnte Ghyczy seinen Ideen freien Lauf lassen, und es entstanden ausgefallene Entwürfe.[21] In einem Firmenprospekt von 1971 beschrieb man die dortige Arbeit als »in eigener Regie serienproduktionsreif entwickeltes Design zur Übernahme in Lizenz« und außerdem »Produktionsentwicklung nach präzisiertem Auftrag der Möbelindustrie«.

Das Design-Center arbeitete spätestens seit 1970 auch mit anderen westdeutschen Gestaltern zusammen. Winfried Staeb beispielsweise entwickelte den äußerst organisch anmutenden Hocker *Topsit* mit einer federnden Sitzfläche. Manfred Rathgeber entwarf einen runden »Gliedertisch«, den man aus mehreren kleinen abgerundeten Modulen zusammensetzen konnte, sowie den stapelbaren *Hexagon*-Hocker. Hinzu kam ein Beistelltisch auf Rollen mit eingelegter Glasplatte, gestaltet von Horst Breuer, den man auch als Barwagen oder Zeitungsständer nutzen konnte. Seit 1968 arbeitete Breuer als technischer Leiter für Elastogran und war für die Entwicklung von Produkten aus Polyurethan mitverantwortlich. Selbst der bekannte Designer Luigi Colani wurde beauftragt, eine Kunststoff-Autokarosserie zu entwerfen. Das Projekt verschlang aber lediglich größere Geldsummen, ohne ein brauchbares Ergebnis hervorzubringen.

Reuter hatte mit der Zeit einiges an Geld in das Design-Center gesteckt und musste sich Gedanken über die Refinanzierung machen. Darum überlegte er, die entworfenen Möbel in Serie produzieren zu lassen und anschließend in der Bundesrepublik zu verkaufen. Aber die ungewöhnlichen Designs wie das des *Garten-Ei* würden hohe Produktionskosten verursachen. Umtriebig und erfinderisch wie Reuter war, hatte er eine Idee – mit weitreichenden Folgen für die Möbelproduktion in West und Ost.

Reuter und das Garten-Ei zwischen West und Ost

Reuter wandte sich auf der Suche nach alternativen Produktionsstandorten an das ostdeutsche Synthesewerk Schwarzheide. Als naheliegende Möglichkeit für eine kostengünstige Herstellung bot er den Verantwortlichen im Spätsommer 1970 an, dort neben der Konfektionierungsanlage eine zusätzliche PU-Möbelproduktion mit seinen Maschinen und Entwürfen für den westdeutschen Markt aufzubauen.

Das Synthesewerk selbst verfügte zu diesem Zeitpunkt über keinerlei Erfahrungen bei der Produktion von Konsumgütern, aber seit 1970 gehörte ein weiterer VEB zum Chemiebetrieb in Schwarzheide: ein Betrieb mit 200 Mitarbeitern im etwa 20 Kilometer entfernten Bernsdorf, der bis dato vorrangig Stapelstühle und Tische aus Aluminium für Großabnehmer produziert hatte. Gottfried Reuter versprach für die produzierten Polyurethan-Möbel sogar eine garantierte Abnahme für Westdeutschland. In Schwarzheide war man der Idee eines devisenbringenden Exportgeschäftes selbstverständlich nicht abgeneigt, und daher fuhr noch im September 1970 eine Delegation aus der DDR nach Lemförde. Dabei waren eine Mitarbeiterin der Intrac, zwei Vertreter des VEB Hellerau, die perspektivisch ebenfalls Polyurethan verarbeiten wollten, der Werksleiter des VEB Stahlleichtbau Bernsdorf – und Axel Bruchhäuser in seiner Eigenschaft als Vertreter der Intrac und als Unternehmer.

Bereits im Vorfeld machte Axel Bruchhäuser aber den Verantwortlichen in Schwarzheide klar, dass er die Entwürfe des Design-Centers für die DDR für ungeeignet halte und Reuter zudem keinerlei Fachkenntnisse vom eigenen westdeutschen Möbelmarkt besitze. Stattdessen war der Intrac daran gelegen, dass in Bernsdorf

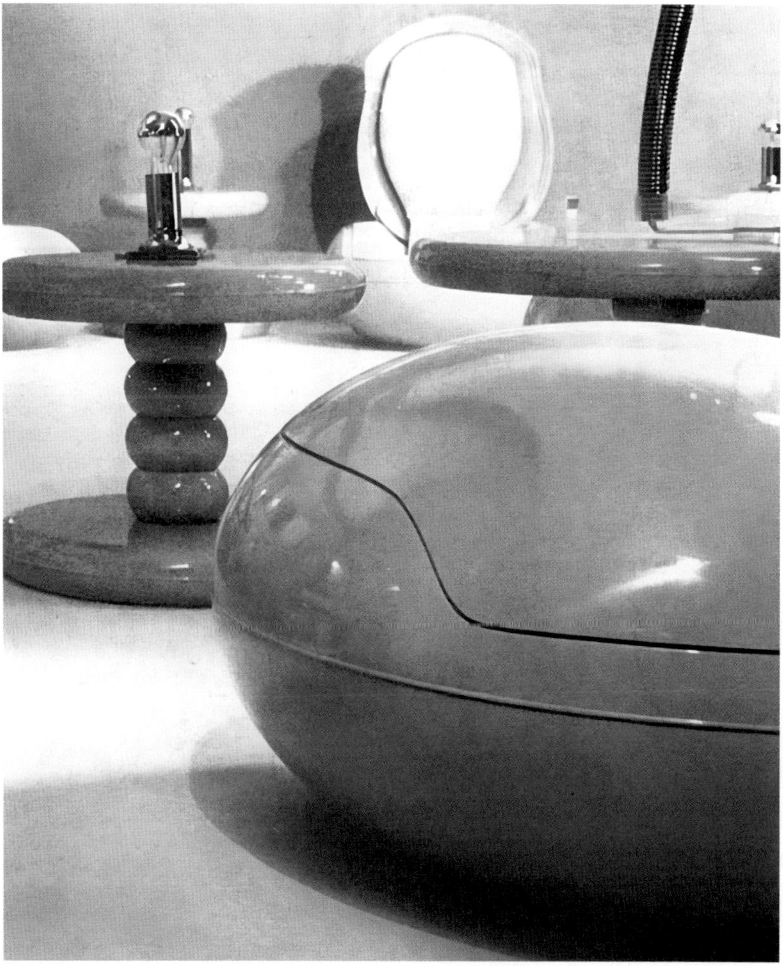

Zur Kölner Möbelmesse 1971 wurden unter anderem das Garten-Ei von Peter Ghyczy und der Gliedertisch von Manfred Rathgeber ausgestellt.

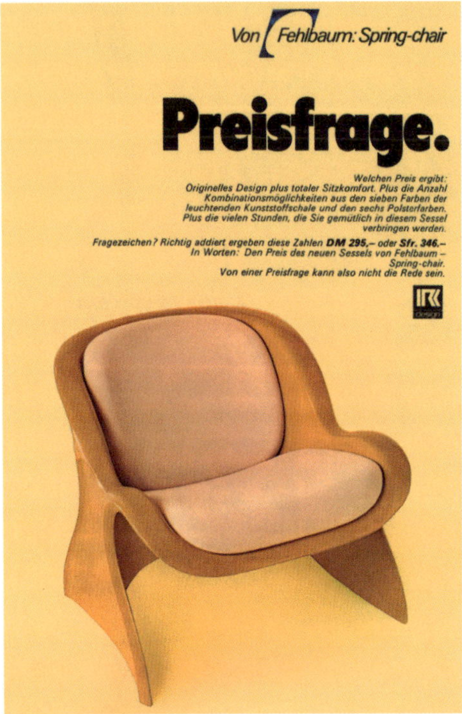

Anzeige von Fehlbaum/Vitra für den von Peter Ghyczy designten Spring-Chair, übernommen von Reuter Design

eine moderne Polstermöbelfabrik für den Export entsteht – unter Mitwirkung der Firma Bruchhäuser.

Die Elastogran GmbH wiederum offerierte der Delegation aus der DDR bei ihrem Besuch in Lemförde eine komplette Anlage zur Produktion von Polyurethan-Möbeln in Bernsdorf, inklusive des *Garten-Ei* und weiterer Entwürfe, vor allem von Peter Ghyczy, und der entsprechenden Formen für eine Exportproduktion nach Westdeutschland. Bei einem Vertragsabschluss noch im Oktober 1970 könnte das Werk im August 1971

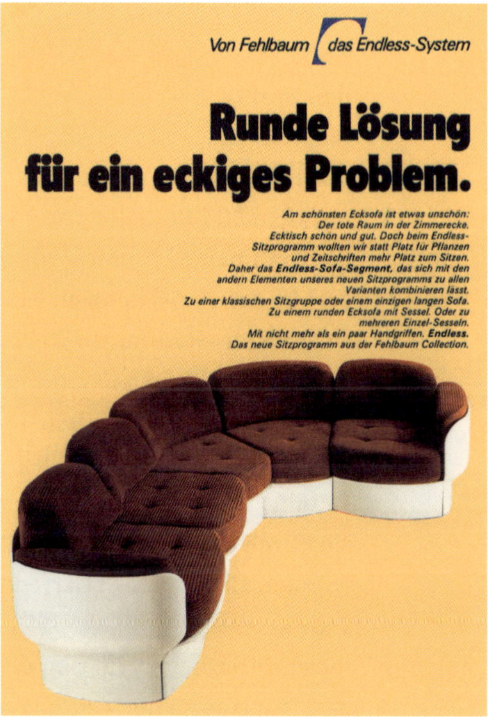

Anzeige von Fehlbaum/Vitra für das Endless-Sofa, das man von Reuter Design übernommen hatte, es gab auch eine einzelne Sessel-Variante.

fertig sein. Das Angebot lag allerdings offenbar mehr als das Doppelte über dem üblichen westdeutschen Marktpreis – insgesamt bei etwa 5,3 Millionen D-Mark.[22] Die Intrac lehnte das Geschäft ab.

Reuter sah sich deshalb zunächst wieder in Westdeutschland nach Produzenten und Abnehmern für einzelne Möbeldesigns um. Auf der Kölner Möbelmesse im Januar 1971 präsentierte er das *Garten-Ei* und weitere Möbelprototypen, noch 1970 direkt im Design-Center produziert. Und tatsächlich fanden sich in der

Folgezeit erste Interessenten. Vitra übernahm 1971 für seine »Collection« ein Sesseldesign von Peter Ghyczy, den *Spring*, und produzierte ihn für einige Zeit sowie das ebenfalls von Ghyczy entworfene modulare *Endless*-Sofasystem. Auch die TKT Möbelwerke H. Kreft KG aus dem 50 Kilometer von Lemförde entfernten Löhne übernahmen 1971 einen oder mehrere Entwürfe.

In der Zwischenzeit war die Firma P.A. Rentrop GmbH aus Stadthagen bei Hannover, ein Zulieferbetrieb für Autohersteller, mithilfe von Reuter in die Herstellung von Polyurethan-Teilen unter anderem für Autositze eingestiegen. Bislang wurden die Sitze aufwendig mit Sprungfedern ausgestattet, nun konnten sie durch Schaumstoff schneller und billiger gepolstert werden. Und Reuter überredete die Firma zu weiteren Produkten: Im Frühjahr 1971 lief offenbar bei Rentrop die erste Serienproduktion des *Garten-Ei* an.[23] Das *Garten-Ei* gab es zu der Zeit in Weiß, Gelb und Rot, das Innenpolster hatte die jeweils gleiche Farbe. Nicht genau geklärt ist, ob die Fertigung bei Rentrop im Stammwerk in Stadthagen oder im ein Jahr zuvor von Rentrop erworbenen Kunststoff-Spritzgusswerk im gut 70 Kilometer entfernten Hodenhagen stattfand. Eine andere Quelle hingegen gibt an, dass das *Garten-Ei* 1971 von den »Vereinigte Werkstätten München« produziert worden sei, die über eine Zweigstelle im nur eine Stunde von Lemförde gelegenen Bremen verfügten.[24] Dafür wären aber vermutlich größere Investitionen in Maschinen und Mitarbeiter notwendig gewesen. Es ist daher davon auszugehen, dass die Vereinigten Werkstätten nur für den Vertrieb zuständig waren und die eigentliche Produktion bei Rentrop erfolgte, wo man mittlerweile im großen Stil Autositzteile aus Polyurethan fertigte. Ein kleines L-förmiges PU-Wandregal von Peter Ghyczy aus dem Design-Center wurde 1971/72 nachweisbar von der »Vereinigte Werkstätten-Collection« vertrieben.[25]

Reuter hatte jedenfalls im Frühjahr 1971 Formen und Maschinen an Hersteller geliefert, nicht jedoch das Know-how für effektive Produktionsabläufe. Über mehrere Monate, mindestens von Mai bis Oktober, wurde das *Garten-Ei* in Niedersachsen produziert, aber die Herstellung war sehr arbeits- und zeitintensiv und deshalb perspektivisch zu kostspielig.

Parallel dazu hatte Reuter Mitte 1971 seine Elastomer AG komplett an BASF verkauft. Davon ausgenommen waren Bereiche, die nicht direkt mit der Polyurethan-Herstellung zu tun hatten, wie das Design-Center und seine Möbelentwürfe. Der bislang verwendete Name »Elastomer Design« musste allerdings geändert werden. Reuter wollte mit einer eigenen Design GmbH das *Garten-Ei* und weitere Möbel nun unter dem Markennamen *Reuter Produkt* bzw. *Reuter Design,* ab Dezember 1971 zusätzlich unter dem Label *Form+Life Collection,* in Serie produzieren und vertreiben. Deshalb unternahm er einen erneuten Anlauf für eine für ihn wesentlich billigere Möbelproduktion in Bernsdorf.

Endlich: Das Garten-Ei aus Bernsdorf

Ende 1971 hatte es Gottfried Reuter dann doch noch geschafft, direkt mit dem Synthesewerk einen Vertrag für die Polyurethan-Möbelproduktion abzuschließen, inklusive aller notwendigen Maschinen und Formen. Es gibt keine genauen Informationen dazu, wie der Vertrag zustande kam und ob die Intrac involviert war. Jedenfalls scheint das Intreresse der ostdeutschen Unterzeichner, auf diesem Wege dringend benötigte Devisen zu erwirtschaften, groß gewesen zu sein. Die Herstellungsanlagen wurden wahrscheinlich direkt von der bisherigen Produktionsstätte bei der Firma Rentrop in Niedersachsen in die DDR geliefert. Bernsdorf produzierte ab März 1972 zunächst versuchsweise verschiedene Polyurethan-Möbel, die zuvor im Design-Center in Lemförde entworfen worden waren. Konkret ging es um die Produktion von Ghyczys *Garten-Ei* und zwei Beistelltischen, später noch weiteren Möbeln: des Sessels *Caval,* des Klappstuhls *Lucy* und des *Trianel*-Tisches. Hinzu kamen der *Topsit* von Winfried Staeb sowie der *Hexagon*-Hocker und der *Gliedertisch* von Manfred Rathgeber. Der Deal war dabei, dass Schwarzheide die Maschinen und Anlagen in »Naturalien« bezahlen sollte, also mit fertigen Möbelstücken. Einige der Möbel, wie das *Garten-Ei,* waren darüber hinaus dafür gedacht, sie perspektivisch auch auf dem ostdeutschen Markt anzubieten, wenn die Produktion genügend herstellten konnte. Das dafür notwendige Polyurethan wurde zunächst aus Westdeutschland geliefert, da Schwarzheide zu dem Zeitpunkt noch nicht produzieren konnte.

Auch wenn seine Einwände nichts mehr ändern konnten: Anfang August 1972 machte Axel Bruchhäuser staatliche Stellen auf den ungünstigen Deal mit Reuter aufmerksam. Der Erlös für die DDR bei der Lieferung eines *Garten-Ei* läge gerade mal bei 35 Valutamark, während der Verkaufspreis in Westdeutschland zu diesem Zeitpunkt etwa 450 D-Mark betrug.[26] Der Begriff Valutamark war vom DDR-Außenhandel eingeführt worden, um Geld westlicher Staaten, in diesem Fall die D-Mark, in Mark der DDR umzurechnen. Im deutsch-deutschen Handel wurde dieser Wechselkurs von ostdeutscher Seite auf 1:1 festgesetzt, was jedoch nicht dem Umtauschkurs auf den westlichen Finanzmärkten entsprach.

Die Produktion in Bernsdorf lief im Frühjahr 1972 sehr schleppend an, was mit dem bislang unbekannten Werkstoff Polyurethan und den zeitintensiven Arbeitsabläufen zu tun hatte. Zunächst stellte man fest, dass die Polyurethan-Rohlinge nach dem Schäumvorgang oftmals noch nachgearbeitet werden mussten, vor allem das Verkitten von Luftblasen und Schleifarbeiten waren erforderlich. Auch das Lackieren dauerte wesentlich länger, als von Reuter im Vorfeld angegeben, es wurden außerdem mehr Arbeitskräfte benötigt als vorgesehen. Die Herstellung eines *Garten-Ei* beispielsweise dauerte in der Schäumform keine 20 Minuten, die anschließenden Schleif- und Lackierarbeiten anfangs jedoch weitere vier Stunden.

Relativ schnell wurde den Verantwortlichen in Bernsdorf klar, dass Reuter nur unvollständiges Wissen über die Produktionsabläufe mitgeliefert hatte. In der Anfangszeit waren deshalb gerade mal zehn Prozent des von Reuter genannten Produktionsvolumens umsetzbar. Auch ein im Oktober 1972 zusätzlich abgeschlossener Vertrag mit ihm über Rationalisierungsmaßnahmen brachte zunächst keine grundlegende Verbesserung in den Produktionsabläufen. Die Verantwortlichen vor Ort mussten sich letztlich dieses Wissen selbst erarbeiten.

Massenhaft Möbel für die DDR – aus Polyurethan

Während in Westdeutschland ab 1971 die *Horn Collection* auf den Messen und in den Geschäften der Öffentlichkeit präsentiert und in Lemförde an futuristischen Möbel-Designs getüftelt wurde, rückte die Möglichkeit einer eigenen Polyurethan-Rohstoffproduktion in Ostdeutschland in greifbare Nähe. Mit der zuverlässigen Erdölversorgung aus der Sowjetunion stand in dieser Zeit ein preiswerter Ausgangsrohstoff für verschiedenste chemische Produkte in großen Mengen zur Verfügung, so auch für die Polyurethan-Grundstoffe. In Schwarzheide wurde dafür gerade eine leistungsfähige Produktionsanlage für PU-Grundstoffe gebaut.

Im Gegensatz zu arbeitsaufwendigen Möbeln aus Holz oder Holzverbundstoffen konnten Möbel aus Polyurethan industriell mit Maschinen innerhalb kürzester Zeit in bislang ungeahnten Mengen produziert werden. Das war prinzipiell auch für die DDR interessant, denn damit könnte man Lücken bei der Versorgung der Bevölkerung der DDR innerhalb weniger Jahre schließen, zumal der neue Erste Sekretär des Zentralkomitees der SED Erich Honecker sowohl den Konsum als auch das Wohnungsbauprogramm ankurbeln wollte.

Honecker war 1971 nach der Absetzung des damals 78-jährigen Walter Ulbricht der mächtigste Mann der DDR geworden. Ulbricht hatte in den 1960er Jahren einiges in die Wege geleitet, um die ostdeutsche Planwirtschaft zu modernisieren und zu effektivieren, jedoch waren konkrete Ergebnisse für die Bevölkerung noch nicht wirklich spürbar. Außerdem war er als Landesvater seit jeher allgemein unbeliebt – unzählige Witze kursierten, die sich in imitiertem Sächsisch hinter vorgehaltener Hand über Ulbricht erzählt wurden.

Obgleich Honecker nicht nur in Bezug auf die von ihm forcierte noch engere Anbindung der DDR an die Sowjetunion einen politisch wesentlich konservativeren Kurs fuhr, hatte er sich als früherer FDJ-Funktionär – im Gegensatz zu Ulbricht – so etwas wie ein jugendlich-dynamisches Image erhalten – auch wenn er 1971 bereits 59 Jahre alt war. Honecker war sich innenpolitisch darüber im Klaren, dass der angestrebte Kommunismus nicht über Nacht kommen würde, wie Optimisten das noch in den frühen 1950er Jahren prognostiziert hatten. Um also in der längeren Phase der sich »entwickelnden sozialistischen Gesellschaft« die Akzeptanz für die SED-Politik zu erhöhen, musste er der Bevölkerung in der DDR etwas mehr bieten als bisher. Er setze deshalb auf eine rasche Erhöhung des Lebensstandards. Denn die Ostdeutschen beobachteten in den 1960er Jahren nicht nur über die westlichen Fernsehsender, wie sich der andere Teil Deutschlands kulturell und vor allem materiell weiterentwickelte und sich der Lebensstandard dort permanent erhöhte. Auch die Besuche der westdeutschen Verwandtschaft und deren Weihnachtspakete bezeugten dies. Wenn die SED also der Bevölkerung weiterhin glaubhaft vermitteln wollte, dass ihre Auslegung des Sozialismus der bundesdeutschen Demokratie überlegen sei, dass die Zukunft in der DDR gewissermaßen das Paradies auf Erden werden würde, mussten greifbare Ergebnisse her – beispielsweise in Form von dringend benötigten modernen Wohnungen und einem größeren Angebot an Konsumgütern für die breite Masse. Auf dem VIII. Parteitag der SED im Juni 1971 wurde deshalb die »Einheit von Wirtschafts- und Sozialpolitik« beschlossen, also Schritte zur Modernisierung des Staatssozialismus in der DDR und zur Anhebung des Lebensstandards. Eine Massenproduktion von modernen PU-Möbeln passte genau in dieses Konzept.

In der DDR war den Außenhandelsexperten jedoch nur ein Mensch bekannt, der sich mit Möbeln aus Polyurethan auskannte, und das war Axel Bruchhäuser, der junge Unternehmer aus Güstrow. Seit 1970 arbeitete Bruchhäuser für Schalck-Golodkowski und der ihm unterstellten Firma Intrac. Eigentlich war es Aufgabe der Intrac, Exportgeschäfte für die DDR-Wirtschaft im Westen anzukurbeln, um Devisen zu erwirtschaften. Aber die Kommerzielle Koordinierung und ihr Firmengeflecht wurden schnell auch zu einem unbürokratischen Gestalter wirtschaftlicher Belange innerhalb des Landes. Zu dieser Zeit lief der Hauptteil der Geschäfte mit dem Westen über den offiziellen Außenhandel der DDR. KoKo und Intrac bearbeiteten darüber hinaus die pragmatischen Spezialaufträge zur Devisenbeschaffung, egal ob legal oder illegal.

PUR-Möbel aus Schwedt

Im folgenden Fall kümmerte sich die Intrac jenseits des gängigen Prozedere des DDR-Außenhandels als eine Art logistische Hilfeleistung ganz offiziell um technologisches Wissen für die Polyurethan-Möbelherstellung. Letztere war in erster Linie für die eigene Konsumgüterproduktion und nicht für den Export gedacht. Grund war, dass im Juni 1972 neben dem Synthesewerk Schwarzheide ein weiterer ostdeutscher Chemiebetrieb Interesse an der Produktion von Polyurethan-Möbeln zeigte, mit dem die Intrac hervorragend zusammenarbeitete: das Petrolchemische Kombinat (PCK) in Schwedt an der Oder mit etwa 28 000 Beschäftigten. Genau in diesem Volkseigenen Betrieb endete die sowjetische Erdöltrasse Freundschaft. Schwedt produzierte vor allem PKW- und Flugzeugkraftstoffe, die neben dem heimischen Markt zu einem nicht geringen Teil von der Intrac gegen Devisen nach Westberlin verkauft wurden. Ein Viertel der 1972 dort verbrauchten Erdölprodukte stammte aus Schwedt, was sich in kurzer Zeit noch verdoppeln sollte. Das PCK war somit ein mächtiger Devisenbringer und hatte einen guten Stand bei der Staatsführung. Generaldirektor des PCK

Werner Frohn, gleichzeitig Mitglied des Zentralkomitees der SED, war außerdem mit Alexander Schalck-Golodkowski befreundet.

Spätestens mit dem VIII. SED-Parteitag im Juni 1971 waren die volkseigenen Großbetriebe der »Grundstoffindustrie« beauftragt worden, zusätzlich in die Konsumgüterproduktion einzusteigen, um die anhaltenden Versorgungsmängel in der DDR zu beheben. Auch der Minister für Chemische Industrie hatte eine entsprechende Richtlinie erlassen. Zunächst sollen die Verantwortlichen im PCK nicht allzu begeistert gewesen sein, sich auch noch um neue Produkte und Fertigungen kümmern zu müssen, schließlich stellten sie mit den Kraftstoffen gewissermaßen bereits Konsumgüter her. Aber ein Parteiauftrag konnte nicht einfach so abgelehnt werden, und im PCK Schwedt überlegte man sich deshalb, wie eine Umsetzung aussehen könnte. Einer Anekdote nach soll die Idee, ausgerechnet Polyurethan-Möbel im PCK herzustellen, von Wirtschaftsminister Günter Mittag stammen. Anfang Juni 1972 besuchte er eine Festveranstaltung in Schwedt anlässlich der fünfzigmillionsten Tonne Öl aus der Sowjetunion. Mittag kannte die westdeutschen Polyurethanmöbel und fragte die Verantwortlichen des Chemiebetriebs: »Wär' das nicht was für euch?«[27] Vielleicht hatte es seitens des PCK aber schon solcherart Überlegungen gegeben und man holte sich bei diesem Treffen lediglich grünes Licht von »oben«. Jedenfalls bot es sich an, gewissermaßen über den kurzen Dienstweg, dass die Intrac die Koordinierung für den Import einer ganzen Fertigungsstrecke zur Konsumgüterproduktion übernahm – unter Auslassung der eigentlich zuständigen Stellen des DDR-Außenhandels, des Verkaufsbunds Möbel und des Amtes für industrielle Formgestaltung. Schalck-Golodkowski schickte seine Leute los und schon eine Woche nach dem Besuch von Günter Mittag in Schwedt fand ein Koordinierungstreffen zwischen Werksleitung und der Intrac statt.

Nun gab es in der DDR auf einmal zwei chemische Großbetriebe, die Polyurethan-Möbel herstellen wollten. Da die beiden Volkseigenen Betriebe in Schwedt und Schwarzheide keine Konkurrenten nach kapitalistischem Verständnis waren, kam es daraufhin zu Kooperationsgesprächen. Kurzzeitig stand im Juni 1972 sogar die Idee im Raum, die Reuter-Produktion nach Schwedt zu verlagern. Das PCK bot dafür geeignete Werkhallen an bzw. sagte Umbauten zu. Intrac-Berater Axel Bruchhäuser intervenierte jedoch Ende Juni 1972 nachdrücklich gegen die Möbel von Reuter und empfahl dem PCK Schwedt, stattdessen Lizenzen bei der Firma Horn aus Rudersberg zu erwerben. »Ich bin zwar Ingenieur für Maschinenbau, aber ich habe mich schon immer auch für Kunst und Ästhetik interessiert und schaute mir an, was mir gefiel. Ich habe also mit der Zeit einen Blick bekommen für Dinge, die mir gefielen«, erklärt Axel Bruchhäuser später seine Entscheidung. »Und deswegen fand ich die Sachen von Dr. Reuter eher durchschnittlich, die von Horn hingegen hatten einigermaßen Niveau.« Doch Bruchhäuser fungierte nur als Berater, die Entscheidung trafen andere.

Fest geplant war allerdings, den von Axel Bruchhäuser designten Polyurethan-Sessel *Schwerin* in der neuen Möbelfabrik im PCK unter dem Namen *Schwedt 1* in großen Stückzahlen zu produzieren. Bereits 1971 gab es ein Bild von ihm in der ostdeutschen Zeitschrift *Kultur im Heim,* ohne jedoch näher auf ihn und den neuartigen Kunststoff einzugehen. Stattdessen wurde eine dahinter stehende konventionelle Schrankwand aus weiß beschichteten Spanplatten besprochen.[28]

Nun ging alles sehr schnell. Noch im Juni wurden seitens des PCK Schwedt und der Intrac Nägel mit Köpfen gemacht. Beschlossen wurde, dass zum 23. Geburtstag der DDR am 7. Oktober 1972 medienwirksam mit der Möbelproduktion in Schwedt begonnen werden sollte – möglichst schon mit dem Polyurethan aus DDR-Produktion. Am 22. Juni trafen sich dafür wiederum in Schwarzheide Vertreter des Zentralen Warenkontors der DDR, des Amtes für industrielle Formgestaltung, dem Verkaufsbund Möbel, der Betriebe Schwedt und Schwarzheide sowie Vertreter der Intrac. Bei diesem Treffen wurden bereits detaillierte Pläne gemacht, zum Beispiel in welchen Farben und mit welchen Stoffen der Sessel *Schwedt 1* produziert werden sollte. Vorgesehen war ein jährlicher Ausstoß von etwa 40 000 Stück. Darüber hinaus sollten verschiedene Couchtische und Beistellmöbel aus der *Horn Collection* in Lizenz hergestellt werden. Hier schwankten die jährlichen Produktionsziele zwischen 8000 und 20 000 Stück. Auch legte man bereits die Einzelhandelsverkaufspreise fest, obwohl noch niemand wusste, wie teuer die Herstellung der Möbel eigentlich werden würde. Das war in der Planwirtschaft allerdings nicht unüblich. Apropos: Geplant waren auch bereits der Bezug von Metalldrehgestellen für den Sessel sowie 150 000 Kugellaufrollen für die Beistelltische, 80 000 Quadratmeter Möbelbezugsstoffe und 6000 Quadratmeter Kunstleder. Innerhalb von nur drei Wochen sollten alle Bestätigungen für die Pläne bei den oberen Stellen eingeholt werden. Ein sportliches Ziel.

Darüber hinaus beabsichtigte man für das Jahr 1973 eine Weiterentwicklung des Sessels *Schwedt 1* sowie weiterer PUR-Möbel, diesmal in der DDR designt. Auch ein »Liegemöbel« sollte entwickelt werden. Besprochen wurden die dafür notwendigen Maschinen, eine Tankanlage in Schwedt für die beiden Polyurethan-Komponenten, eine Lackieranlage und welche westlichen Maschinenbaufirmen dafür infrage kämen.[29]

Anfang Juli gab es in Ostberlin bei der Intrac das nächste Treffen. Zunächst ging es in Bezug auf die Produktion im PCK nochmals um die Frage Horn oder Reuter. »Bei der Auswahl des Designs für den Anlauf der Produktion in Schwedt wurde davon ausgegangen, einfache Formen auszusuchen, die eine unproblematische oder eine einfache Produktion sichern und die Einführung beim Verbraucher gewährleisten.«[30] Perspektivisch sollte der Fokus darauf gelegt werden, eigene Designs auf diesem Gebiet zu entwickeln, unter Federführung des Amtes für industrielle Formgestaltung (AiF). Bei dem Treffen fällte die Intrac schließlich folgende Entscheidung: »Die bisherige Möbelproduktion in Bernsdorf und die weiteren Vorschläge der *Form+Life Collection* wurden von dem Kollektiv für die Produktionsaufnahme in Schwedt aus nahestehenden Gründen als nicht geeignet bezeichnet.« Als solche Gründe wurden unter anderem aufgeführt, dass diese Produkte seitens des Designs kein »durchgängiges Produktionsprogramm« darstellten. Genau das sollte aber mit den neuen Möbeln erreicht werden – vielfältige Kombinationsmöglichkeiten, wofür die Möbel der *Horn Collection* perfekt geeignet waren. Was außerdem nach Ansicht der Intrac gegen Reuter sprach: »Die Erzeugnisse sind ausschließlich auf Verbrauchergewohnheiten des westeuropäischen Marktes orientiert und für uns nicht oder nur bedingt geeignet.«[31] Damit war klar, dass in Schwedt keine Möbel von Reuter, sondern von Horn produziert werden würden.

Am 11. Juli lieferte die Firma Horn eine Konzeption für die Aufnahme der Möbelproduktion in Schwedt. Anhand von fünf Grundformen wäre demnach eine Produktion von fast 40 unterschiedlichen Möbeltypen (Beistellmöbel, Couchtische) möglich. Horn bot zusätzlich ihre Produktionserfahrungen und ihre Technologien an. Das Angebot belief sich auf zwei Millionen D-Mark für die Maschinenausrüstung, 350 000 D-Mark für Know-how und Engineering und 150 000 D-Mark für die Designlizenzen – alles in allem weniger als die Hälfte der Summe von dem, was Reuter 1970 vom Synthesewerk dafür verlangt hatte. Wie sehr Horn an dem finanziell einträglichen Auftrag lag, wird auch daran deutlich, dass man zusätzlich anbot, eventuelle Engpässe seitens der Maschinenbeschaffung durch leihweise Überlassung von Formen auszugleichen.[32] Eine Woche nach diesem Angebot legte der Generaldirektor der Intrac Horst Steinebach schließlich dem stellvertretenden Minister für Außenwirtschaft Schalck-Golodkowski den Stand der Planungen zur Entscheidung vor und empfahl, mit der Firma Horn bereits zwei Tage später den Vertrag zu schließen, um den gewünschten Start der Produktion am 7. Oktober einhalten zu können. Für das vierte Quartal 1972 war bereits die Produktion von etwa 5000 Möbel geplant, für 1973 dann 100 000.[33]

Zusätzlich zum Vertrag mit der Firma Horn wurde wenige Tage später auch die westdeutsche Siemag Maschinenbau AG aus Hilchenbach-Dahlbruch mit in das Vorhaben eingebunden, da von ihr, wie von Horn geplant, die Maschinen zur Herstellung der Möbel kommen sollten. Ebenso die Firma Eck, die die Schäumformen für die in der DDR zu produzierenden Möbel aus der *Horn Collection* herstellte. Auch für den von Bruchhäuser designten Sessel wurde bei Eck eine neue Form für die Produktion in Schwedt in Auftrag gegeben.

Nach dem Vertragsabschluss fand am 24. Juli in Ostberlin noch eine »Abnahme der PUR-Duomer-Möbelausstellung durch den Ministerrat« statt. Alle wichtigen Entscheidungsträger der einzelnen Bereiche der Planwirtschaft kamen dafür zusammen, was verdeutlicht, welche geradezu zukunftsweisenden Entscheidungen die Verantwortlichen zu fällen gedachten.

Da waren der 1. Stellvertreter des Vorsitzenden des Ministerrats Horst Sindermann, der Leiter des Amtes für Preise, der Minister für Chemische Industrie, der amtierende stellvertretende Minister für Außenwirtschaft, der stellvertretende Minister für Handel und Versorgung – alles in allem Personen, die für politische Entscheidungen zuständig waren, auf dem Gebiet von modernem Möbeldesign hingegen allenfalls Laien. Die Intrac war durch Axel Bruchhäuser und Generaldirektor Steinebach vertreten, außerdem waren Funktionäre des Synthesewerks Schwarzheide, des PCK Schwedt und des Zentralen Warenkontors anwesend.

Präsentiert wurden importierte Mustermöbel, die in Schwedt produziert werden sollten, sowie die Reuter-Möbelproduktion aus Bernsdorf mit möglichen weiteren Möbeln, die Peter Ghyczy in Lemförde designt hatte. Unter anderem ging es um die Übernahme des *Trianel*-Tisches und des Klappstuhls *Lucy.* Beides wurde tatsächlich später auch in Bernsdorf produziert.

Wie zu erwarten, kamen die Beistelltische der *Horn Collection* gut an, ebenso deren Blumencontainer, für den man sich zusätzlich noch einen Polsterdeckel wünschte, um ihn auch als Hocker verwenden zu können. Bruchhäusers Sessel *Schwerin 1,* als einziger ostdeutscher Beitrag, wurde ausdrücklich gelobt. Den von der *Horn Collection* ebenfalls vorgestellten Sessel *Targa* lehnten hingegen die Funktionäre als zu materialintensiv ab. In Bezug auf die Bernsdorfer Möbelproduktion und den Verkaufspreis des *Garten-Ei* kam es zwischen Sindermann und dem Leiter des Amtes für Preise sogar zu einem Disput. Am Ende einigte man sich auf 430 Mark, was im Übrigen 1:1 dem Ladenpreis in Westdeutschland entsprach.[34] Gemessen an den damaligen Unterschieden in beiden deutschen Staaten in Bezug auf das Lohnverhältnis und die Kaufkraft wurde das *Garten-Ei* dadurch für Ostdeutsche jedoch zu einem Luxusartikel.

Westprodukte aus dem Osten

Zwischen bürokratischer Planwirtschaft und kurzfristigen Entscheidungen auf Ministerebene gab es 1972 nun auf einmal zwei Produktionsstandorte für Polyurethan-Möbel in Ostdeutschland: Schwedt sollte ausschließlich für den heimischen Markt produzieren, Bernsdorf für den Export und später zusätzlich ebenfalls für die eigene Bevölkerung. Damit entstanden innerhalb kurzer Zeit in der DDR größere Produktionskapazitäten für PUR-Möbel, als sie in der Bundesrepublik vorhanden waren. Jetzt mussten die Betriebe nur noch liefern.

SYSpur aus Bernsdorf

Zur Leipziger Herbstmesse 1972 stellte das Synthesewerk Schwarzheide die ersten Möbel aus Bernsdorf aus, um konkrete Anwendungsbeispiele für die Verwendung ihrer in Kürze verfügbaren Polyurethan-Rohstoffe vorzuführen. Beim traditionellen Rundgang der Partei- und Staatsführung machte man auch Station am Stand des Synthesewerkes, und Erich Honecker

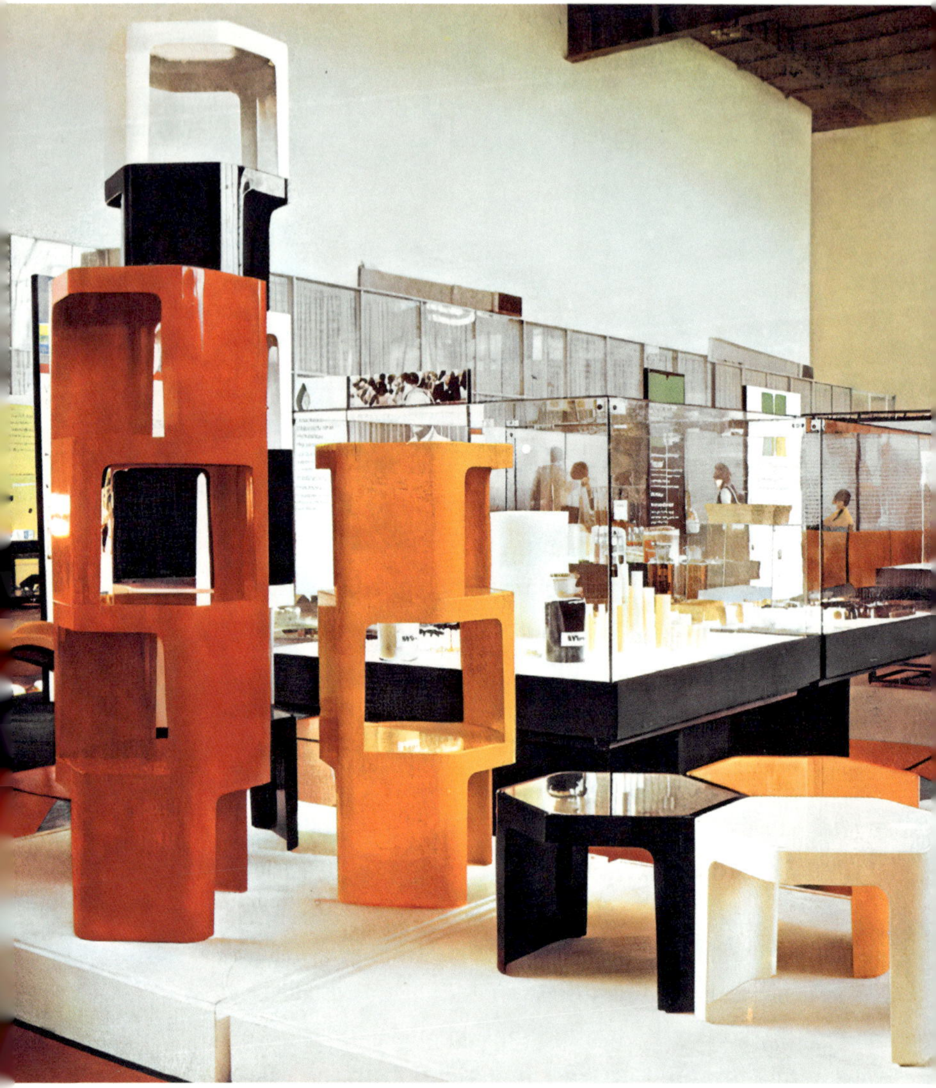

Auf dem Leipziger Messestand des Synthesewerks Schwarzheide im Herbst 1972 ausgestellt: der stapelbare Hexagon-Hocker, gestaltet von Manfred Rathgeber

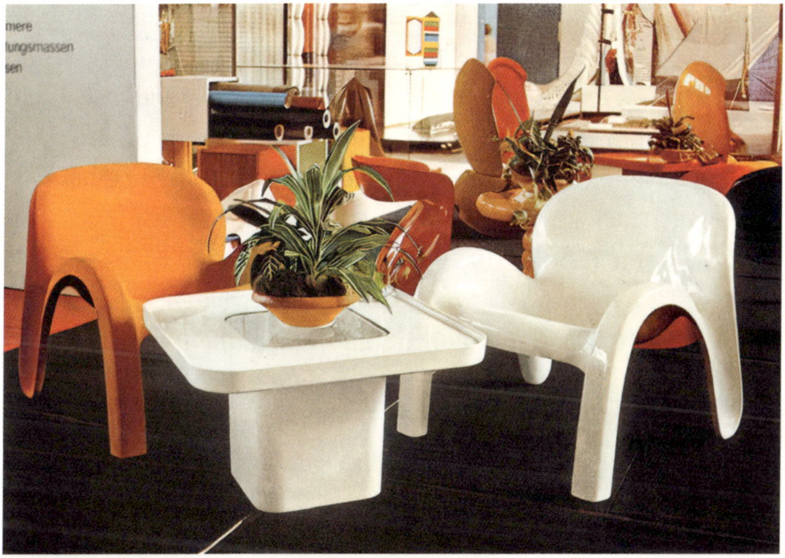

Der Caval-Sessel und der Dion-Beistelltisch, designt von Peter Ghyczy

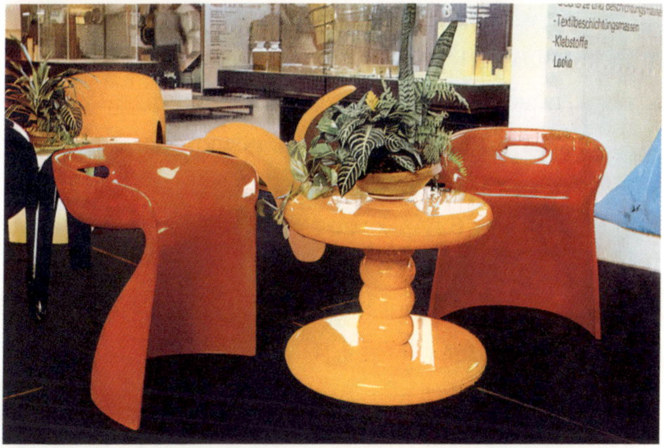

Zwischen Hocker und Stuhl – der Topsit, gestaltet von Winfried Staeb, und der höhenverstellbare Gliedertisch von Manfred Rathgeber

ließ es sich nicht nehmen, im *Garten-Ei* Platz zu nehmen und die Arbeit des Betriebes zu loben. Ein Schild an einem *Garten-Ei* wies die Besucher allerdings darauf hin, dass es sich hierbei um eine »Versuchsproduktion« handeln würde – während die hergestellten Möbel zeitgleich in die Bundesrepublik exportiert wurden. Noch im Februar 1973 besprach die ostdeutsche Fachzeitschrift *Möbel und Wohnraum* die neuen farbenfrohen Produkte aus Polyurethan ausführlich, ebenfalls verbunden mit dem Hinweis, »dass es sich hierbei um eine Versuchsproduktion handelt. Der Rohstoffhersteller beabsichtigt nicht, Möbel für den Verkauf herzustellen.« Das hatte die Planwirtschaft im Juli 1972 intern anders geplant gehabt, als bei der Abnahme der Möbel durch die Minister bereits Verkaufspreise für den Einzelhandel festgelegt worden waren. Aktuell reichte der Produktionsausstoß in Bernsdorf jedoch gerade dafür aus, die Exportverpflichtungen gegenüber Reuter zu erfüllen. Man wollte keine voreiligen Begehrlichkeiten bei der eigenen Bevölkerung wecken, weshalb man zu dieser Formulierung griff.

Zudem plante man weiter für die Zukunft: In Schwarzheide fand am 5. Oktober 1972 ein Treffen statt mit Vertretern des Amtes für industrielle Formgestaltung und der Vereinigung Volkseigener Betriebe Möbel (VVB), die künftig bei der Gestaltung neuer Möbel mitreden wollten, dem Synthesewerk Schwarzheide, dem Betriebsteil Bernsdorf, dem Leipziger Designer Rudolf Horn, der gleichzeitig auch Professor an der Hochschule für industrielle Formgestaltung Burg

Giebichenstein/Halle war, und sogar einem westdeutschen Abgesandten von Reuter Design. Bei dem Treffen ging es um die Festlegung der weiteren PUR-Möbel-Produktion in Bernsdorf bis 1975. Das AiF wollte hierfür in den folgenden Wochen eine Arbeitsgruppe zur Ideenfindung für neue Möbel bilden und hatte bereits der Kunsthochschule in Weißensee den Auftrag erteilt, Stühle zu entwerfen.[35] Die Anwesenheit eines namentlich nicht genannten Vertreters von Reuter Design verdeutlicht, dass zu diesem Zeitpunkt die Zusammenarbeit mit Bernsdorf trotz aller anfänglichen Probleme zu funktionieren schien, man weiterhin zusammenarbeiten wollte und dass vielleicht sogar perspektivisch DDR-Entwürfe von PUR-Möbeln für Reuter Design bzw. die *Form+Life Collection* exportiert werden sollten.

Die Möbelproduktion in Bernsdorf lief aber auch Anfang 1973 nur eingeschränkt. Im März schaffte man bei einem Testlauf lediglich 70 Prozent der vorgesehenen Arbeiten. Bereits im Herbst 1972 hatte Gottfried Reuter aber erste Kunden in Westdeutschland für seine *Form+Life Collection*-Möbel aus Bernsdorf akquiriert, unter anderem das Einrichtungshaus Grube-Dekor in Hamburg und die Bremer Einrichtungsfirma Bernd El-

Nächste Seite: In der westdeutschen Zeitschrift Für Sie vom November 1972 sind gleich drei PU-Möbelhersteller vereint: ganz links ein Stuhl von Tecta, ganz rechts der Dreisatztisch und ein Barwagen aus der Horn Collection. Die in Bernsdorf produzierten Möbel von Reuter Design – Topsit, Lucy-Klappstuhl und der Hexagon-Hocker – wurden hier ausschließlich Grube-Decor zugeschrieben, da diese offenbar zeitweise den Vertrieb in Westdeutschland übernommen hatten.

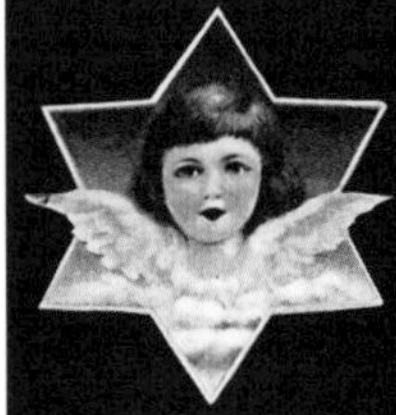

DAMIT WOHNEN SIE NOCH BESSER

1 Schnell, sicher: der durchsichtige Teewagen mit verchromtem Rundrohrgestell. TECTA; Preis: ca. 445,– DM.
2 Wie wär's mit einem weißen Sessel mit Kunststoffsitz? TECTA; Preis: ca. 224,– DM.
3 Klemmen Sie Ihr Licht hin, wo Sie wollen. Leuchten von Grube-Dekor; ca. 97,– DM.
4 Garderobenständer mit Schirmablage, zerlegbar. Grube-Dekor; ca. 270,– DM.
5 Ein Sessel, der leistet, was er verspricht. Abnehmbarer Bezug. TECTA; ca. 532,– DM.
6 Verchromt ist die Lampe mit kopfverspiegelter Birne. Grube-Dekor; ca. 49,– DM.
7 Couchtisch aus Polyurethan-Duromer. Horn-Collection; ca. 328,– DM.
8 Ein Plexiglas-Plattenständer auf Rollen. Grube-Dekor; Preis: ca. 98,– DM.
9 Dieser Hocker aus Kunststoff läßt sich stapeln. Grube-Dekor; Preis: ca. 75,– DM.
10 Sechseckige Kunststoff-Stapeltischchen in vielen Farben. Grube-Dekor; ca. 65,–.
11 Stehleuchte „AD 4212". Lichtfall regulierbar. Grube-Dekor; Preis: ca. 380,–.
12 Klappstuhl, der „Lucy" heißt, aus Kunststoff. Grube-Dekor; ca. 146,– DM.
13 Dreiteiliger Tischsatz in Schwarz und Weiß. Horn-Collection; ca. 397,– DM.
14 Verchromte Metallampe – ein gutes Fernsehlicht. Grube-Dekor; ca. 119,–.
15 Rollwagen mit loser Zwischenplatte für Flaschen. Horn-Collection; ca. 410,– DM.
16 Plexiglassitzschale auf verchromtem Gestell mit Sitzkissen. TECTA; ca. 448,–.
Herstellernachweis: Seite 62.

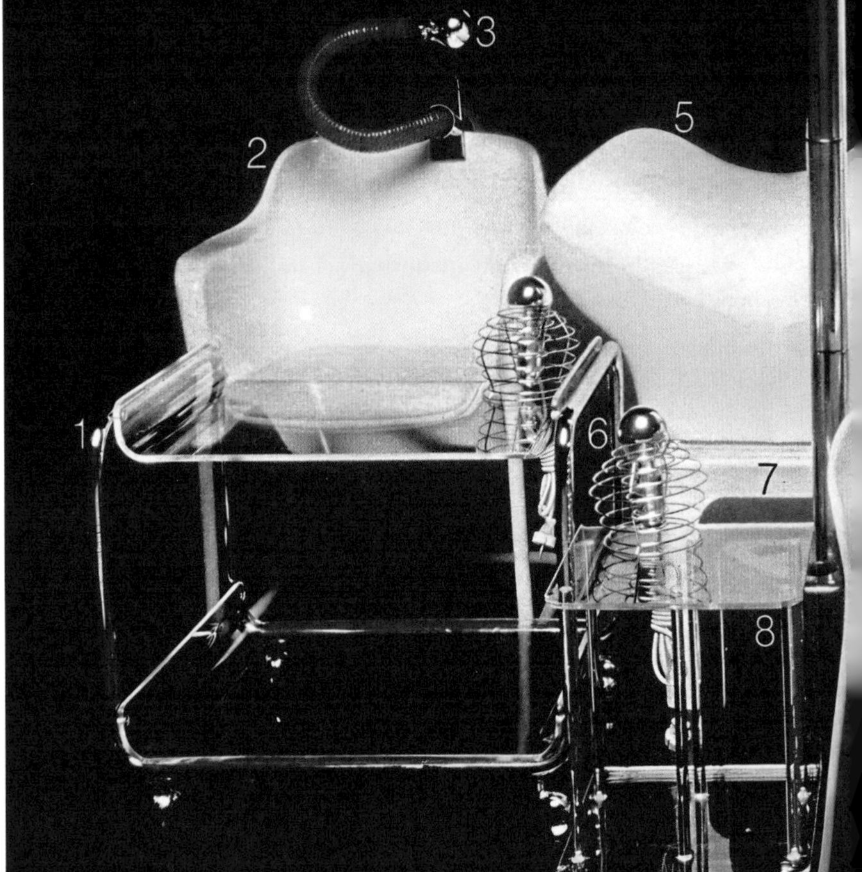

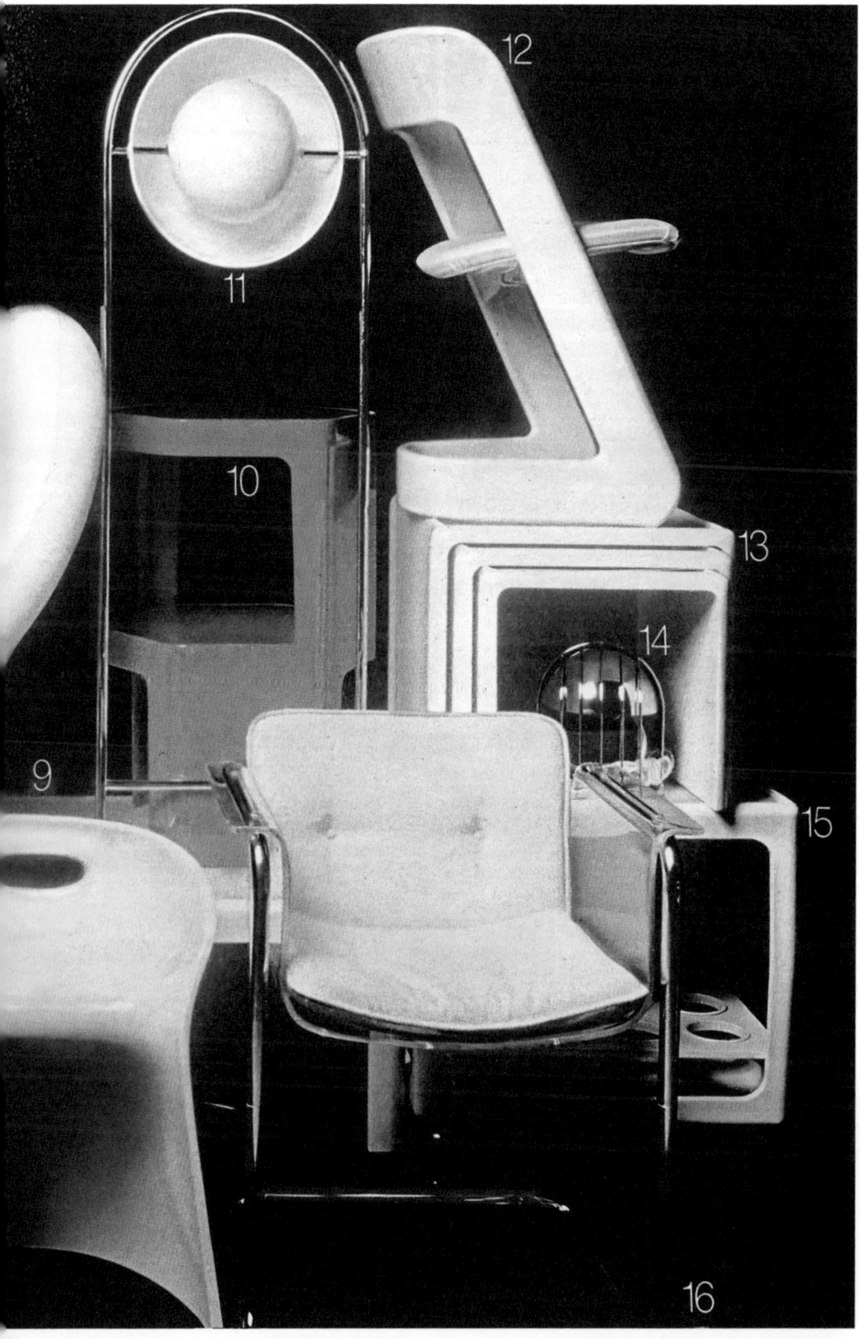
12
11
10
13
14
9
15
16

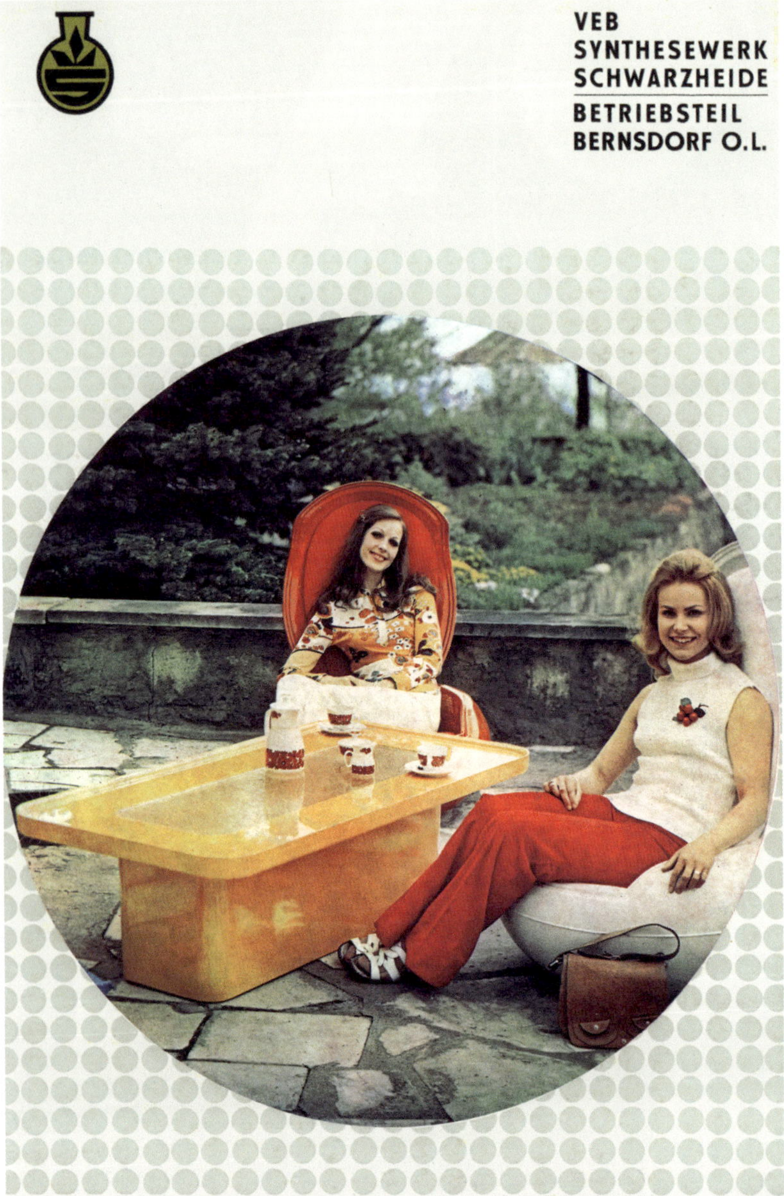
VEB
SYNTHESEWERK
SCHWARZHEIDE
BETRIEBSTEIL
BERNSDORF O.L.

fers. Grube-Dekor warb bereits im November 1972 in der Zeitschrift *Für Sie* mit dem *Lucy*-Stuhl, dem *Topsit* und dem *Hexagon*-Hocker für das Weihnachtsgeschäft. Reuter erklärte Anfang 1973 gegenüber dem westdeutschen Magazin *Der Spiegel* die Lieferungsverzögerungen mit der schleppenden Vertragserfüllung seitens der BASF, die seit 1972 durch die Übernahme der Elastogran-Verträge für die Inbetriebnahme der Anlage in Schwarzheide zuständig war.[36] Die von ihm mit zu verantwortenden technologischen Produktionsprobleme blieben aus naheliegenden Gründen unerwähnt. Im Mai drangen schließlich Gerüchte nach Schwarzheide, dass die andere Vertragspartei, die Gottfried Reuter GmbH, in Konkurs gegangen sei. Der vertraglich vereinbarte Export der *Form+Life Collection*-Möbel nach Westdeutschland ging jedoch zunächst weiter.

Trotz mittlerweile mehr als einjähriger (Versuchs-) Produktion: Im Sommer 1973 stockte die Herstellung in Bernsdorf. In der Betriebszeitung *Synthese Nr. 31* vom 3. August wurde von anhaltenden Problemen berichtet, vor allem bei Schleif- und Lackierarbeiten, obwohl man mittlerweile im Zwei-Schicht-System arbeitete. Zudem stand die *Garten-Ei*-Produktion ganze drei Wochen still, da Reparaturarbeiten an den Maschinen notwendig wurden. Von den im Plan für 1973 geforderten

Mit verschiedenen Prospekten bewarb der VEB Synthesewerk Schwarzheide Betriebsteil Bernsdorf das Garten-Ei – ohne Hinweis auf den westdeutschen Urheber. Ebenfalls zu sehen ist der Dion-Tisch von Peter Ghyczy in der selteneren Langversion.

15 000 Möbeln konnten im ersten Halbjahr lediglich 4000 hergestellt werden. Für 1974 wurde vom Minister für Chemische Industrie bereits eine Verdopplung der Produktion gefordert.[37] Eine Menge Anstrengungen waren im Betrieb nötig, um die Produktion wieder hochzufahren.

In der Folgezeit kamen die Möbel aus Bernsdorf neben dem Export in die Bundesrepublik auch verstärkt auf den ostdeutschen Binnenmarkt. Es war bekanntermaßen schon 1972 geplant gewesen, einen Teil der Exportproduktion im Inland zu verkaufen. Nach späteren Angaben aus Schwarzheide sollen zwischen 1972 und 1975 knapp 15 000 *Garten-Eier* im ostdeutschen Einzelhandel zu dem bereits festgelegten Stückpreis von 430 Mark verkauft worden sein.[38] Es ist aber auch nicht ausgeschlossen, dass es weniger waren, denn 1972 wurden die Möbel ausschließlich nach Westdeutschland exportiert.

Für die Vermarktung aller PUR-Produkte, auch der Möbel, hatte sich Schwarzheide bereits 1971 den Markenname *SYSpur* rechtlich schützen lassen. »SYS« stand für Synthesewerk Schwarzheide und »pur« für Polyurethan. Dieser Name wurde nun auch für die Möbel aus Bernsdorf im heimischen Markt verwendet und für Hochglanzprospekte des Synthesewerks – unter Auslassung eines Hinweises auf die westdeutschen Designer.

Variopur aus Schwedt

Während man im Frühsommer 1972 in Bernsdorf bei Schwarzheide bereits begonnen hatte, erste PUR-Möbel für Reuter zu produzieren, lief im Petrolchemischen Kombinat in Schwedt an der Oder ein weitaus größeres Polyurethan-Möbel-Produktionsvorhaben an. Vorausgegangen war eine Intensivierung der Reisetätigkeit nach Westdeutschland von Intrac-Berater Axel Bruchhäuser sowie leitenden Mitarbeitern und SED-Mitgliedern des PCK Schwedt, die sich die Produktionsanlagen und Fertigungsabläufe bei der Firma Horn in Rudersberg anschauten. So undurchdringlich die Mauer für private Fahrten in die Bundesrepublik zu dieser Zeit auch war, Geschäftsreisen in die BRD wurden zumindest für handverlesene DDR-Bürger schnell realistisch – wenn die DDR-Verantwortlichen dafür einen politischen oder ökonomischen Nutzen sahen.

Eher pro forma war man Mitte Juli auch noch mal bei Reuter in Lemförde, entschied sich anschließend aber endgültig für die Zusammenarbeit mit der Firma Horn. Letztere vermittelte auch den Kontakt zu weiteren Kooperationsfirmen. So besuchte die ostdeutsche Delegation die Siemag, die Siegener Maschinenbau GmbH in Hilchenbach-Dahlbruch, die Firma Eck Formen- und Werkzeugbau in Rastatt sowie die Nähmaschinenfabrik Coks-Adler. Das »Verhandlungskollektiv« aus der DDR konnte bei den Herstellern durchsetzen, dass die Anlagen so eingerichtet werden würden, dass sie für das Polyurethan-Rezept aus

Schwarzheide geeignet waren, und dementsprechend auch Garantieleistungen vertraglich fixieren.

Spätestens Mitte August waren mit allen Beteiligten Verträge abgeschlossen worden. In der Vereinbarung mit der Firma Horn wurde im Übrigen auch ein Gebietsschutz festgelegt, sodass das PCK Schwedt die Möbel nicht ins westliche Ausland exportieren durfte. Bis die DDR selbst geeignete Lackfarben produzieren konnte, importierte man diese von der Firma Plantag aus Westdeutschland. Ab etwa 1974 belieferte dann der VEB Farben- und Lackindustrie Leipzig die Betriebe. Das PCK Schwedt bereitete sich währenddessen auf die Konsumgüterproduktion vor, die am 7. Oktober 1972 zum Republikgeburtstag starten sollte. Eine 2500 Quadratmeter große Werkshalle stand bereits durch vorherige »Rationalisierungsmaßnahmen« dafür zur Verfügung. Da Schwarzheide zu diesem Zeitpunkt noch kein Polyurethan liefern konnte, kaufte man den Rohstoff bei Bayer in Westdeutschland ein.

Die Frage nach Maschinen, Designs und technischem Know-how war zwar schnell durch den Import geklärt, was allerdings fehlte, waren geeignete Arbeitskräfte. Im Arbeiter- und Bauernstaat herrschte zeitlebens aus verschiedensten Gründen ein Mangel an Arbeitern. So fand man im PCK zunächst auch nur durch Einsparungen in anderen Abteilungen Mitarbeiter, die man für die neu zu schaffende Produktion abstellen konnte. Niemand hatte sich jedoch zuvor mit Möbelbau beschäftigt, geschweige denn mit Möbeln aus Maschinen oder mit Schleif- und Lackierarbeiten.

Es waren also dringend Weiterbildungen notwendig. Noch im August 1972 wurden deshalb Mitarbeiter nach Bernsdorf bei Schwarzheide zur Einarbeitung an Maschinen und in die Lackiererei geschickt, Polsterer und Näher in Güstrow angeleitet. Aber in Bernsdorf befand sich die Produktion zu diesem Zeitpunkt im Versuchsstadium, sodass man kaum Wissen und Erfahrungen weitergeben konnte. Im PCK waren bis zum Herbst unter Leitung des Schwedter Ingenieurs Wilfried Windolf immerhin die ersten 54 Mitarbeiter für die zukünftigen Produktion gefunden worden, darunter viele junge Frauen. Der Leiter der Pressestelle des PCK resümierte in der ostdeutschen Fachzeitschrift *Möbel und Wohnraum* mit überraschend offenen Worten: »Da viele Kolleginnen vorher nicht berufstätig waren oder als Verwaltungsangestellte in anderen Bereichen des Werkes gearbeitet hatten, bedeutete gerade dieser Umstand für sie eine enorme Umstellung in der ganzen Lebensweise, was auch mit familiären Problemen verbunden war.«[39]

Viele Frauen fanden sich in einer Doppelbelastung durch Familie und Beruf wieder, gleichzeitig waren die Ehemänner stärker gezwungen, für sie bislang ungewohnte Hausarbeiten zu erledigen. Denn »klassische« Rollenbilder in den Familien existierten auch in der sozialistischen DDR weiter, die zunehmende Berufstätigkeit vieler ostdeutscher Frauen führte nicht automatisch zu mehr Gleichberechtigung in den eigenen vier Wänden. Dennoch erlaubte die Erwerbstätigkeit ostdeutschen Frauen insgesamt eine größere materielle Unabhängigkeit von ihren Ehemännern, als es bei den

Frauen in Westdeutschland der Fall war – und förderte zugleich höhere Scheidungsraten.

Inzwischen waren im September 1972 die ersten Maschinen aus der Bundesrepublik im PCK Schwedt angekommen, zusammen mit firmeneigenen Monteuren. Unter der lokalen Bevölkerung sprach sich schnell herum, dass sich Mitarbeiter aus Westdeutschland mehrere Wochen dort aufhielten. Und ein informeller Mitarbeiter der Staatssicherheit bemerkte in seinem Bericht, dass die Einheimischen den Westdeutschen gegenüber sehr kontaktfreudig seien: »Nicht nur in Hinblick auf weibliche Bürger, sondern auch auf Familien oder Kumpels.«[40] Die Firma Horn schickte ebenfalls Mitarbeiter zur Einarbeitung. Günter Hinz aus Rudersberg erinnerte sich später: »Meine Aufgabe war, die Leute vor Ort in die Fertigung einzuweisen und anzulernen, vor allem in die Oberflächentechnik – schleifen, kitten und so weiter. Die geschäumten Teile hatten, wenn sie aus der Form kamen, teilweise kleine Bläschen. Diese mussten geöffnet, verkittet und verschliffen werden. Das war meine Aufgabe. Und ich habe den Mitarbeitern in Schwedt gezeigt, wie man die Möbel lackiert, also wie man mit diesen Spritzanlagen arbeitet.« Mit Unterbrechungen hielt er sich etwa drei Monate in Schwedt auf, bis ins Jahr 1973 hinein.

Die erste Ausbaustufe des Werkes umfasste die Produktion folgender Möbel der Serie »Schwedt 1«: den 1970 von Axel Bruchhäuser designten Sessel *Schwerin,* der nun unter dem Namen *Schwedt 1* verkauft wurde, einen

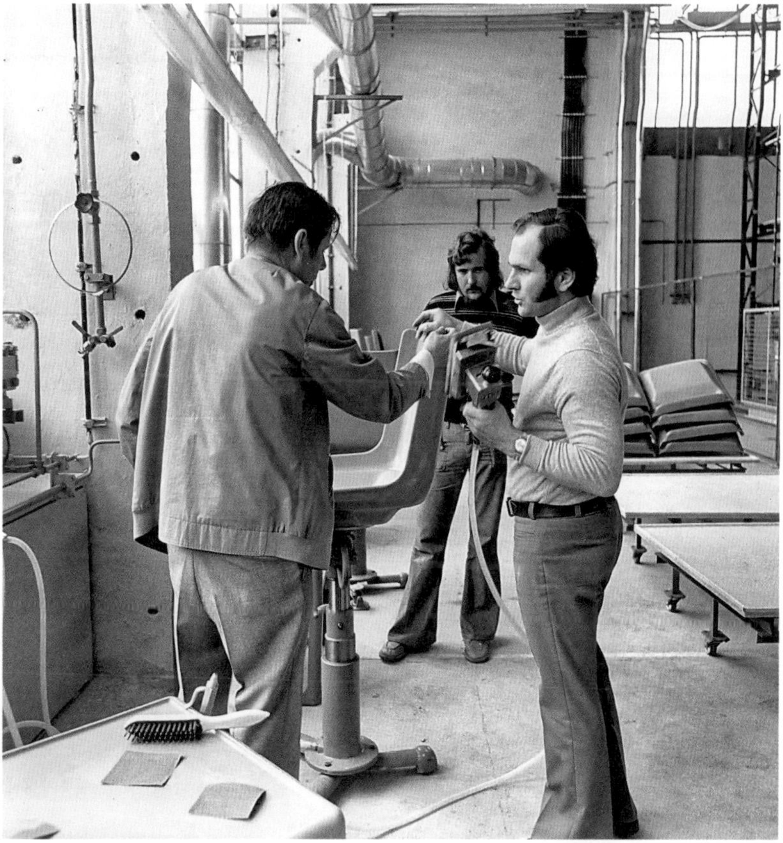

Deutsch-deutsche Zusammenarbeit in Schwedt: Günter Hinz (rechts) von der Firma Horn erklärt die notwendigen Schleifarbeiten an einem Schwedt 1-Sessel.

Beistelltisch und einen Barwagen aus der *Horn Collection* sowie einen viereckigen Blumenkübel, der zusätzlich auch mit gepolstertem Deckel erhältlich war. Die ersten Möbel gab es in den Farben Cremeweiß, Karminrot, Maisgelb und Mahagonibraun. Später kamen noch weitere Farben hinzu. Für diese Möbel wurde zudem der Markenname *Variopur* international registriert, eine Wortschöpfung aus der »Variabilität« der Möbel und dem Werkstoff Polyurethan. Und das erste Planziel wurde sogar um einen Tag übererfüllt: Im Beisein des stellvertretenden Ministers für Chemische Industrie Hans Adler konnte im neuen Möbelwerk im PCK Schwedt bereits am 6. Oktober 1972, am Vorabend des Republikgeburtstages, der erste Tisch aus der Form genommen werden. Mission erfüllt.

Doch ein wichtiger Protagonist bei der Einfädelung des ganzen Importgeschäftes mit der *Horn Collection* war an diesem Tag nicht zur Einweihung in Schwedt: Axel Bruchhäuser. Bis Ende August hatte er zusammen mit Vertretern des PCK Schwedt auf mehreren Dienstreisen die zügige Umsetzung des Geschäftes ermöglicht. Aber Bruchhäuser war nicht nur Berater der Intrac, er war vor allem Komplementär des Familienbetriebes P. Bruchhäuser und Sohn. Im Frühjahr 1972 hatte man jedoch auch diese Firma zwangsverstaatlicht und in den VEB Polstermöbel Güstrow umgewandelt. In dieser Zeit rollte eine große Enteignungswelle durch die DDR. Alle verbliebenen privaten Firmen und Familienunternehmen, egal ob Kaffeehäuser oder Polsterfabriken, auch solche mit bislang staatlicher Beteiligung, wurden zu Volkseigenen Betrieben. Der erzwungene Plan zur vollständigen »Vergesellschaftung« der Produktion sollte später zu einem der Sargnägel der DDR werden.

Während Axel Bruchhäusers Vater Werner aufgrund seiner langjährigen Kompetenzen als nunmehr angestellter Betriebsleiter vorerst die Geschäfte in Güstrow weiterführen durfte, war der Sohn lokalen SED-Funktionären ein Dorn im Auge. »Ich dachte blauäugig, wenn man unseren Betrieb enteignet, wird mein Vater Betriebsdirektor und ich Stellvertreter«, erinnerte sich Axel Bruchhäuser später an die Enteignung und seine berufliche Zukunft. »Aber dann kam ein Anruf vom Ersten Sekretär der Bezirksleitung der SED in Schwerin und der sagte, dass ich sofort aus dem Betrieb rausmüsse. Mein Vater sackte regelrecht in sich zusammen. Das war unfassbar.« Bereits im April musste Axel Bruchhäuser seinen Schreibtisch räumen und durfte nicht mehr in die einst eigene Firma. Die Arbeit für die Intrac in Ostberlin schützte nicht vor der Willkür lokaler Funktionäre. Deshalb reifte bei ihm und auch bei seinem Vater der Gedanke, die DDR zu verlassen und sich in Westdeutschland eine neue Existenz aufzubauen. Ende August 1972 befanden sich beide unabhängig voneinander auf Dienstreise in Westdeutschland – und blieben es auch.

Mochten SED-Funktionäre in Güstrow sich darüber gefreut haben, die »Kapitalisten« auf diese Weise losgeworden zu sein, bei der weitaus pragmatischer arbeitenden Intrac in Ostberlin war man bestürzt, ob des Verlustes an so fähigen Unternehmern, die in den letzten Jahren im Export ansehnliche Valuta-Summen für die DDR erzielt hatten. Die Intrac lud deswegen Vater und Sohn im September zu einem Gespräch auf

»neutralem Boden« nach Westberlin ins Hotel Kempinski ein und zahlte sogar die Flugtickets aus Westdeutschland. Axel Bruchhäuser erinnerte sich später an das Treffen: »Ich vergesse nie den Eingangssatz. Da sagte Generaldirektor Steinebach von der Intrac zu meinem Vater: ›Herr Bruchhäuser, ich soll Sie der uneingeschränkten Wertschätzung des Genossen Sindermann versichern. Kommen Sie zurück! Sie bekommen alles wieder: zwei Betriebe, Sie bekommen ein offenes Konto wie Manfred von Ardenne. Sie können alles haben.‹ Mein Vater und ich hatten zu diesem Zeitpunkt im Westen nichts – keine Verwandten, kein Geld, alles war weg, die ganze Welt war über uns zusammengebrochen, eine Woche nachdem wir den Entschluss gefasst hatten, nicht in die DDR zurückzukehren. Und mein Vater antwortete in seiner unglaublich ruhigen Art: ›Richten Sie bitte Herrn Sindermann Grüße aus, das ehrt ihn durchaus. Aber verstehen Sie bitte, wir wissen ja nicht, wie lange Herr Sindermann ein einflussreicher Politiker ist. Und deswegen verstehen Sie bitte, wir können das Angebot nicht annehmen.‹«

Der Entschluss blieb unumkehrbar. Vater und Sohn blieben in der Bundesrepublik und konnten kurz darauf die Möbelfirma Tecta im niedersächsischen Lauenförde übernehmen. Der frühere Firmeninhaber Hans Könecke hatte schon Jahre zuvor mit den Bruchhäusers Geschäfte gemacht und wollte durch sie seine begonnene Polyurethan-Möbelproduktion voranbringen. Die Bruchhäusers entschieden sich jedoch, stattdessen weiterhin hauptsächlich Stühle aus Stahlrohr herzustellen. In den Folgejahren wurde das Repertoire um Entwürfe von Bauhäuslern wie Ludwig Mies van der Rohe, Marcel Breuer und weiteren namhaften Designern erweitert. Möglich war der Kauf von Tecta übrigens durch eine im Vorfeld mit der Firma Horn informell, ohne Wissen der DDR-Verantwortlichen, abgesprochene Vermittlerprovision für das Zustandekommen des Vertrags mit dem PCK Schwedt.

»Politik der kleinen Schritte« – Annäherung zwischen Ost und West

Es waren politisch bewegte Zeiten. Im Mai 1973 besuchte erstmals ein Staatsoberhaupt der Sowjetunion die Bundesrepublik: Der Staatsratsvorsitzende Leonid Breschnew war beim sozialdemokratischen Bundeskanzler Helmut Schmidt in Bonn zu Besuch. Kurz davor, im Dezember 1972, war der Grundlagenvertrag über die zukünftige Koexistenz und Zusammenarbeit zwischen den beiden deutschen Staaten geschlossen worden. Es gab also in Hinblick auf die deutsch-deutschen wie auch die internationalen Beziehungen allen Grund, optimistisch in die Zukunft zu blicken, die Zeichen standen auf Entspannung. Und auch wenn Honecker sich in dieser Zeit außenpolitisch immer enger an die Sowjetunion band und um dauerhafte Abgrenzung zum anderen Teil Deutschlands bemüht war: Das Verhältnis der beiden Staaten erreichte damals, nicht zuletzt durch die vom SPD-Politiker Egon Bahr initiierte »Politik der kleinen Schritte«, ein wichtiges Etappenziel – wie mit den Lizenzgeschäften in Sachen Polyurethan.

Trotz aller positiven politischen Entwicklungen lief

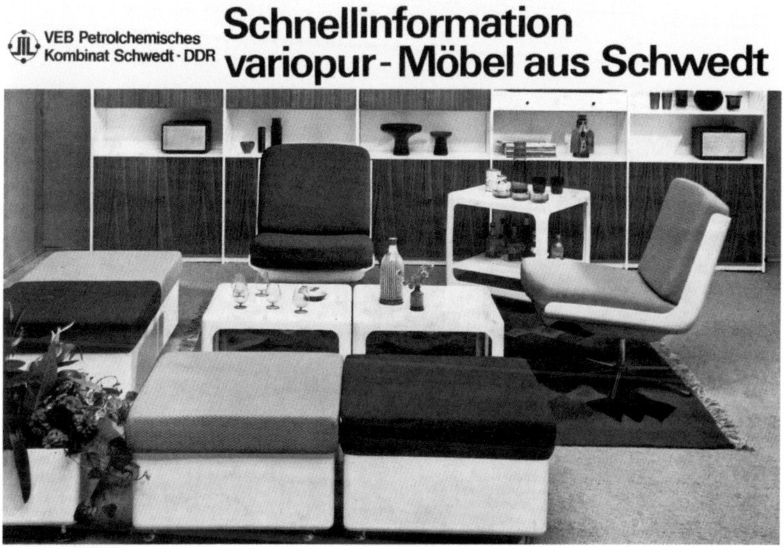

Mit dieser »Schnellinformation« präsentierte das PCK Schwedt sein Möbelprogramm. Die in Lizenz produzierten Blumen wannen bekamen in Schwedt noch einen gepolsterten Deckel. Auch in Westdeutschland gab es diese für die Horn Collection. Wer die Idee zuerst hatte, ist unbekannt.

die Möbelproduktion in Schwedt ab Oktober 1972 aufgrund der ungewohnten Arbeitsabläufe – wenig überraschend – nur langsam an. Im gesamten vierten Quartal des Jahres konnten lediglich etwa 1000 Möbel hergestellt werden, eine Menge, die bei vollständiger Fertigstellung des Werks ein Jahr später eigentlich täglich geplant war. Erste Modelle des *Schwedt*-Sessels standen dennoch Ende Oktober bereits im Centrum-Warenhaus in Schwedt zum Verkauf. Zum Jahreswechsel erfolgte der Versand weiterer Möbel an die Auslieferungslager des volkseigenen Handels in der DDR und für Testverkäufe in ausgewählten Geschäften in Ostberlin, Frankfurt/Oder, Dresden und Cottbus. In einem ersten *Variopur*-Prospekt von Anfang 1973 bewarb man die neuen Produkte: »Polyurethan, in Duomerschaum für Möbel verwendet, läßt sich vielseitig gestalten, ist statisch neutral, besitzt einen vollen Klang und ist angenehm im Griff.« Der Vertrieb lief über das Zentrale Warenkontor Möbel, Abteilung Kulturwaren und Sportartikel in Ostberlin.

Im ersten Quartal 1973 wurden in Schwedt von mittlerweile 160 Mitarbeitern rund um die Uhr im Drei-Schicht-System bereits knapp 6000 Möbel produziert. Am Ende der zweiten Ausbaustufe sollten dann 1974 mehr als 400 Menschen in der Möbelproduktion tätig sein. Doch auch im zweiten Quartal 1973 lief noch lange nicht alles nach Plan. Innerbetrieblich wurde eine fehlende straffe Arbeitsorganisation bemängelt sowie teilweise eine nur ungenügende Motivation unter den Angestellten. Besonders die aufwendigen Tätigkeiten beim Schleifen und Lackieren erforderten ein gewisses handwerkliches Geschick und Erfahrung. Hinzu kam eine anhaltende Fluktuation von Mitarbeitern, die man offenbar für die neue Arbeit nicht genügend begeistern konnte. Störungen entstanden zudem durch technische Probleme.

Anfang März 1973 starteten parallel zur laufenden Produktion die zweite Ausbaustufe und die Montage weiterer Maschinen aus Westdeutschland. Außerdem mussten Versuchsreihen des speziellen Polyurethans aus Schwarzheide mit den westdeutschen Maschinen gefahren werden, da sich der Rohstoff in der Zusammensetzung von dem der Bayer AG unterschied, was Feinjustierungen an den Maschinen notwendig machte.

Weiterbildung, Weltfestspiele und Wohnungsbau

Durch den hohen Bedarf an Schulungen der Schwedter Mitarbeiter und Leitungskräfte in Bezug auf die neuen Arbeitsprozesse reisten mehrmals Delegationen zur Weiterbildung nach Westdeutschland, sowohl zur Firma Horn als auch zur Maschinenbaufirma Siemag. Dabei achtete man bei der Auswahl der Reisekader im Vorfeld natürlich darauf, dass diese politisch zuverlässig waren und die Fahrt nicht zur Republikflucht nutzen würden. An einer der Schulungsfahrten nach Rudersberg nahmen auch einmal zwei Mitarbeiterinnen aus Schwedt teil, was die durchweg männlichen westdeutschen Partner vor Ort positiv überraschte. In der Bundesrepublik waren seinerzeit Frauen an großen Maschinen in der Produktion einer Möbelfirma alles andere als selbstverständlich. Bei solchen Dienstreisen kam es abends in geselliger Runde manchmal auch zu politischen Gesprächen zwischen den Gastgebern und Teilnehmern aus der DDR, besonders, wenn sich Westdeutsche als SPD-Wähler zu erkennen gaben. Politischen Gesprächsstoff gab es in diesen bewegten Zeiten mehr als genug.

Für die zweite Ausbaustufe hielten sich Anfang Juli 1973 erneut westdeutsche Mitarbeiter und Monteure vor allem der Firma Siemag für mehrere Wochen in Schwedt auf. Untergebracht waren sie in Werkswohnungen. Teilweise mit eigenem PKW aus Westdeutschland angereist, erkundeten sie in ihrer Freizeit auch die Umgebung. So besuchten sie ostdeutsche Mitarbeiter aus dem PCK, mit denen sie sich in der Zeit angefreundet hatten, an der Ostsee. Letztere mussten sich im Nachgang nicht selten bei ihren Vorgesetzten bezüglich der privaten Kontaktaufnahme mit Westdeutschen rechtfertigen und erklären, warum es zu diesen außerbetrieblichen Verbindungen gekommen war. Erwünscht waren solche Gespräche jenseits der beruflichen Notwendigkeiten nicht, die SED-Funktionäre wollten keine Normalität zwischen ost- und westdeutschen Bürgern. Denn letztlich montierte hier der Klassenfeind die Maschinen.

In der Praxis lief die Zusammenarbeit im PCK aber augenscheinlich ohne Probleme. Günter Hinz von der Firma Horn erinnerte sich später an die Zeit in Schwedt: »Ich bin sehr gut behandelt worden, da war kein Misstrauen spürbar. Herr Windolf, der damalige Betriebsleiter in Schwedt, war zuvor auch bei der Firma Horn in Rudersberg gewesen und hatte sich alles angeschaut. Es war ein vertrauensvolles Verhältnis, da war keine Schranke zwischen uns. Ich spürte keine Einschränkungen.« Und Günter Hinz profitierte darüber hinaus auch noch privat: »Ich hatte damals ein Visum bekommen, mit dem ich mit dem Auto in die DDR ein- und ausreisen konnte. Das war für mich praktisch, denn ich stamme ursprünglich selbst aus Ostdeutschland, genauer aus Zossen bei Berlin, und konnte mit meinem Auto dann meine Eltern besuchen, von Schwedt war das nur eine Stunde Fahrt.« Solcherart Bewegungsfreiheit war für westdeutsche Besucher in der DDR alles andere als selbstverständlich. Aber um das Geschäft mit den bundesdeutschen Firmen so schnell und scheinbar normal wie möglich umzusetzen, wurden – nicht zuletzt auch dank der Einflussnahme der Intrac auf andere staatliche Stellen – Dinge möglich, die bislang undenkbar schienen.

Mit der Ungezwungenheit der westdeutschen Monteure – andererseits ja wiederum auch Vertreter des Proletariats – kamen die lokalen Funktionäre jedoch nicht so richtig klar. Als beispielsweise die Mitarbeiter der Siemag am 21. Juli in Schwedt ein »Richtfest« ihrer Anlage im PCK feiern wollten, wurde das nur privat in ihrer Unterkunft gestattet. Ursprünglich wollten sie in einer Schwedter Gaststätte zusammenkommen und auch ostdeutsche Mitarbeiter einladen, was aber den Funktionären offenbar zu viel unkontrollierbare deutsch-deutsche Freundschaft war und unterbunden wurde. Zur Privatfeier kamen dennoch Kollegen aus Schwedt.

Die Siemag-Monteure spielten in ihrer Freizeit außerdem mehrmals Fußball gegen lokale Vereine. Wenn die Mannschaftsstärke nicht erreicht wurde, holten sie spontan ostdeutsche PCK-Arbeiter in ihr Team. Fußball brachte somit schon 1973 auf einem Schwedter

Sportplatz Ost und West wieder zusammen, durch die gemischten Mannschaften sogar mehr noch als ein Jahr später im Rahmen der Weltmeisterschaft beim Länderspiel der DDR gegen die BRD in Hamburg, das die DDR mit 1:0 gewann. Wie die Spiele in Schwedt ausgingen, ist nicht bekannt, aber es werden dabei alle Beteiligten ihren Spaß gehabt haben. Und die deutsch-deutschen Freundschaften scheinen auch noch weiter vertieft worden zu sein: »Als Zuschauer waren DDR-Bürgerinnen anwesend, die mit den Siemag-Leuten Kontakt haben«, heißt es dazu vielsagend in einem Stasi-Bericht.

War man in Schwedt alles andere als erfreut, dass Menschen aus Ost und West ungezwungen zusammenkamen, wurde zeitgleich in Ostberlin Ende Juli 1973 genau dazu eingeladen: zu den »X. Weltfestspielen der Jugend«. Allein schon das Logo war grafisch auf der Höhe der Zeit. Eine stilisierte farbenfrohe Blume, ähnlich der aus der westdeutschen Pril-Werbung, mit einer Erdkugel in der Mitte. Flowerpower made in GDR. Die Jugend der Welt, die Zukunft der Welt, zu Gast in »Berlin – Hauptstadt der DDR«, wie die SED den Ostteil Berlins offiziell betitelte.

Mehr als 25 000 junge Menschen aus 140 Ländern, vornehmlich aus progressiven und linken Organisationen, waren in den neun Tagen im Sommer 1973 in Ostberlin zu Besuch – zusammen mit Zehntausenden von jungen Ostdeutschen. Auch aus der Bundesrepublik kamen etwa 800 Jugendliche, unter anderem von der DGB-Jugend und den JuSos, der Jugendorganisation der

SPD. Die DDR als Ausrichter der Weltfestspiele wollte sich als ein moderner sozialistischer Staat präsentieren. Rund um die erst kürzlich errichteten Neubauten auf dem Alexanderplatz und am Fernsehturm sowie im »Stadion der Weltjugend«, das kurz zuvor noch den Namen Walter Ulbricht getragen hatte, feierten junge Menschen aus aller Welt unbeschwert bis in die Nacht. Der scheinbar freie Geist dieser Tage in der Hauptstadt wurde von nicht wenigen jungen Ostdeutschen auch als Zeichen der politischen Liberalisierung im eigenen Land (miss-)verstanden, sodass man hoffnungsvoll auf die kommende Zeit blickte. Die Weltfestspiele kamen außerdem außenpolitisch im genau richtigen Moment: Mehr und mehr westliche Staaten erkannten die DDR

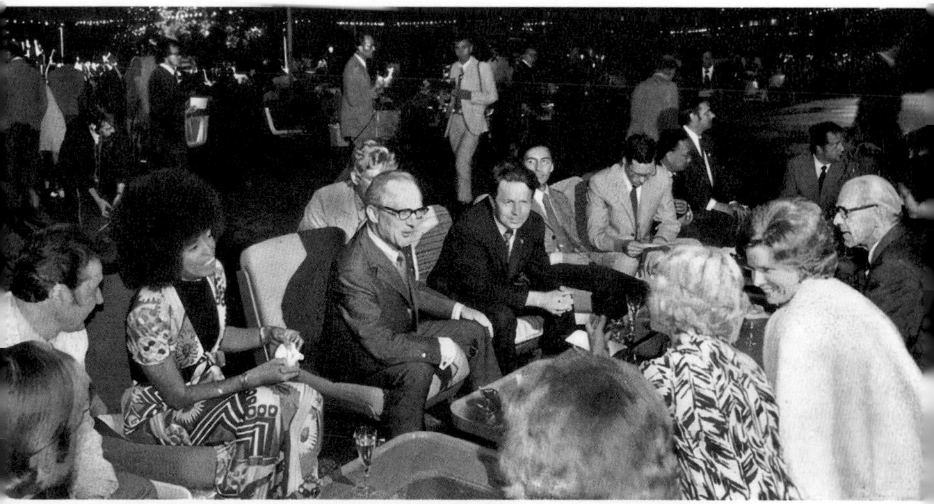

Zu den X. Weltfestspielen der Jugend 1973 in Ostberlin nahm Staatsratsvorsitzender Erich Honecker mit seinen internationalen Gästen auf Schwedt 1-Sesseln Platz.

als souveränen Staat an, die Aufnahme in die UNO stand unmittelbar bevor. Das Selbstbewusstsein Erich Honeckers und der gesamten Staatsführung befand sich auf einem Höhepunkt.

Für die Präsentation der DDR als ein zukunftsorientiertes Gastgeberland passten die neuartigen Polyurethan-Möbel natürlich perfekt. Unweit des Alexanderplatzes gab es während der Weltfestspiele unter Bäumen und Lichterketten deshalb einen Freisitz, der mit dutzenden farbenfrohen *Schwedt 1*-Sesseln aus dem PCK und Beistelltischen aus Bernsdorf bestückt war. An einem der Abende fand sich dort Erich Honecker mit der DDR-Staatsführung ein und plauderte, gemütlich auf den neuen Möbeln sitzend, mit internationalen Gästen wie dem PLO-Chef Jassir Arafat und der US-amerikanischen Bürgerrechtlerin Angela Davis.

Im Vorfeld der Weltfestspiele hatte Bernsdorf in Sonderschichten 60 der *Topsit*-Hocker extra für die Weltfestspiele produziert. Die Betriebszeitschrift *Synthese* berichtete in ihrer August-Ausgabe stolz über diese FDJ-Initiative: »Die Jugendlichen haben sie in Freizeiteinsätzen gefertigt, damit sie in einem Jugendclub, einer Eisbar oder ähnlichem Verwendung finden.«

Kurz nach dem Ende der Weltfestspiele besuchten ein Reporter und eine Fotografin der in der DDR sehr populären Zeitung *Wochenpost* das Werk in Schwedt. Inzwischen war die Möbelfabrik, die nach eigenen Angaben einen Wertumfang von 25 Millionen Mark der DDR hatte, als »Jugendobjekt« übergeben worden. Diese in der DDR gängige Praxis sah vor, jungen Mitarbeitern in Betrieben bestimmte Aufgaben für einen gewissen Zeitraum zu übertragen. So wurden im PCK die jugendlichen Arbeiter durch lokale Funktionäre von SED und FDJ als »Jugendkollektiv« zusammengefasst und so der Erfolg ihrer Arbeit propagandistisch verwertet. Zu sagen hatten Jugendliche dort natürlich nicht mehr als zuvor. Aber es sollte symbolisch zeigen, wie viel Vertrauen die SED in ihre Jugend hatte. »Schwedter FDJler kürten neuen Wohnstil«, hieß es dann sogleich in der *Wochenpost*-Ausgabe Nr. 36 vom 31. August 1973. Und außerdem: »›Variopur‹ kennzeichnet ein nahezu avantgardistisches Möbelprogramm aus der Konsumgüterabteilung des Petrolchemischen Kombinats Schwedt.« Dass die »avantgardistischen« Designs fast ausschließlich aus Westdeutschland stammten, verriet der Artikel – wenig überraschend – nicht.

Aber auch in der westdeutschen Presse nahm man Notiz von dem Werk. Im August zitierte die *Frankfurter Allgemeine Zeitung* aus einer Pressemitteilung der Firma Siemag, dass sie im ostdeutschen Schwedt die »bisher größte Polyurethan-Möbelfabrik der Welt« errichtet hätte. Natürlich diente diese Meldung in erster Linie der eigenen Reputation. Es war in dieser Zeit weder ein Geheimnis noch ein Tabu, dass Firmen aus Ost und West miteinander Geschäfte machten – allein die zweimal im Jahr stattfindende Leipziger Messe war dafür weltbekannt. Es zeigte aber auch, dass die deutsch-deutschen Wirtschaftsbeziehungen sich intensivierten, wozu die Politik der bundesdeutschen sozial-liberalen

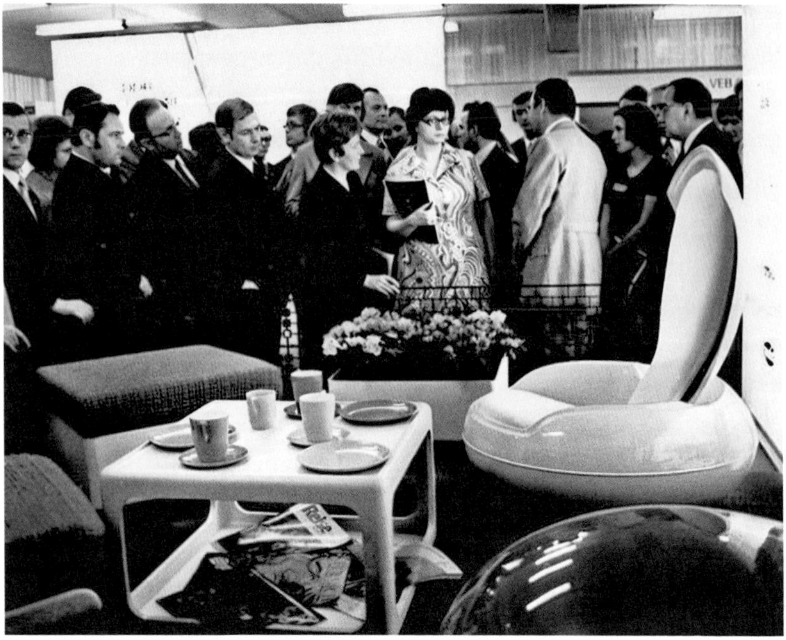

Zur Leipziger Herbstmesse wurden die PUR-Möbel aus der DDR in der Innenstadt auf einem Gemeinschaftsstand präsentiert.

Koalition mit dem Grundlagenvertrag ihren Beitrag geleistet hatte. Ab dem Spätsommer 1973 erschienen dann immer mehr Artikel in ostdeutschen Zeitungen und Zeitschriften über den neuen Werkstoff Polyurethan, der nun endlich aus Schwarzheide zur Verfügung stand, und speziell über PUR-Möbel, um sie in der Bevölkerung bekannter zu machen.

Zur Leipziger Herbstmesse im September wurden die neuen Möbel aus Schwedt der Öffentlichkeit präsentiert. Auch das Synthesewerk Schwarzheide hatte an seinem Stand auf dem Technischen Messegelände wieder mehrere *Garten-Eier* und andere PUR-Möbel aus eigener Produktion ausgestellt. Möglicherweise war der ein oder andere westdeutsche Fachbesucher diesen Möbeln schon ein oder zwei Jahre zuvor auf der Messe in Köln begegnet und wunderte sich, warum ostdeutsche Hersteller diese nun anboten. In der Folgezeit war dies jedoch nirgendwo in den Medien ein Thema.

Zurück in Schwedt: Um den anhaltenden Arbeitskräftemangel abzumildern, warb man im Sommer schließlich im benachbarten Polen neue Mitarbeiter an. Ab September 1973 verstärkten 60 Frauen von jenseits der Oder die Möbelherstellung im PCK. Parallel zu ihrer Arbeit konnten sie sich außerdem in Weiterbildungen zu FacharbeiterInnen qualifizieren.

Es gab dennoch weiterhin Probleme mit der Arbeitsmotivation im Betrieb, selbst bei Leitungskräften. So wurde im PCK bekannt, dass sich eine Führungsperson aus der PUR-Produktion, die gleichzeitig auch SED-Mitglied war, Mitte Oktober 1973 ihren Privat-PKW während der Arbeitszeit in der Möbel-Lackiererei neu lackieren ließ. Solche privaten Erledigungen während der Arbeitszeit waren in der von Mangel geplagten DDR keine Seltenheit. Wenn irgendetwas über normale Wege oder Werkstätten nicht zu bekommen war, musste es eben innerbetrieblich und stillschweigend über den »kurzen Dienstweg« erledigt werden. Diesmal wurde das jedoch zum Problem, weil ausgerechnet an jenem Tag vorgesehen war, einen Leistungstest der

Möbelproduktionsanlage durchzuführen. Besonders peinlich dabei: Sowohl die eigenen Arbeiter als auch die westdeutschen Monteure der Siemag bekamen die privaten Lackierarbeiten während der Arbeitszeit mit.[41] Für den leitenden Mitarbeiter hatte dies vorerst keine Konsequenzen. Obgleich sich die Beschwerden über

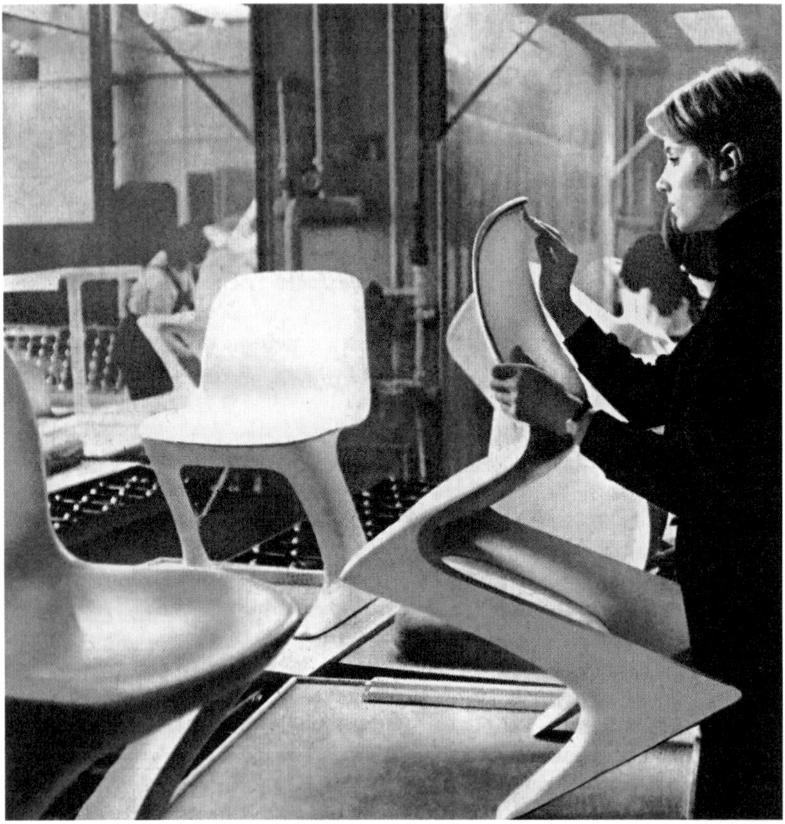

In Schwedt wie in Bernsdorf arbeiteten viele Frauen in der Produktion der PUR-Möbel. Die Nacharbeiten mussten nicht selten von Hand erledigt werden.

seine Führungstätigkeiten häuften, wurde er erst im Frühjahr 1974 versetzt.

Pro Schicht arbeiteten im Möbelwerk mittlerweile etwa 150 Leute. Die täglich hergestellte Stückzahl variierte 1973 noch stark. Durch Probleme im Produktionsablauf wurde teilweise nur die Hälfte der geplanten Möbel pro Tag hergestellt. Theoretisch waren mit der Anlage bis zu 300 000 Einzelmöbel pro Jahr möglich. Im November 1973 musste man zeitweise wieder Polyurethan von Bayer aus der BRD importieren, um die Produktion aufrechtzuerhalten, da Schwarzheide Probleme mit der Herstellung der Rohstoffe hatte und nicht liefern konnte.

Aber die Produktion musste endlich Fahrt aufnehmen, zumal sich große politische Visionen ankündigten: Im Oktober 1973 gab Erich Honecker ein schier gigantisches Wohnungsbauprogramm für die gesamte DDR bekannt. Kurzfristig sollten eine halbe Million Wohnungen neu gebaut oder bestehende modernisiert werden. Perspektivisch strebte man an, bis 1990 knapp drei Millionen neue Wohnungen zu bauen. In der Folgezeit entstanden quer durch die DDR teilweise riesige Neubauviertel in Plattenbauweise, zumeist an den Stadträndern. Genau dafür wurden natürlich auch neue Möbel benötigt.

Am 15. November fand schließlich die Abnahme der zweiten Ausbaustufe in Schwedt im Beisein ostdeutscher Politprominenz sowie von Vertretern der Geschäftsführung der beteiligten westdeutschen Firmen Siemag, Horn und des Lackfarbenlieferanten Plantag Chemie statt. Die Vertreter aus der Bundesrepublik wunderten sich, dass in den blumigen Reden der ostdeutschen Funktionäre die Überlegenheit des Sozialismus am Beispiel dieses neuen Werkes gefeiert wurde, die westdeutschen Maschinen, Lizenzen und weitere technologische Unterstützung hingegen unerwähnt blieben. Die ostdeutschen Besucher der Veranstaltung wunderte das hingegen nicht. Zeitgleich konnte mit den neuen Produktionskapazitäten auch das Möbelsortiment erweitert werden. In Schwedt produzierte man nun zusätzlich weitere Varianten der Beistelltische, die beiden *Känguruh*-Stühle sowie einen rechteckigen und einen runden Esstisch aus der *Horn Collection.* Etwa 15 verschiedene Möbel umfasste mittlerweile das Angebot von Variopur. Mit den neuen Maschinen wurden auch bereits geformte Weichschaum-Polster aus Polyurethan hergestellt. Somit mussten die gewünschten Formen nicht mehr aufwendig aus Schaumstoffblöcken herausgeschnitten werden, sondern waren gleich fertig für den Stoffbezug. Parallel dazu arbeitete die hauseigene Entwicklerabteilung in Schwedt an neuen Entwürfen.

Mitten in die endgültige Inbetriebnahme der Möbelfabrik in Schwedt überraschte im Oktober 1973 die »Ölpreiskrise« die Weltpolitik. Durch den Jom-Kippur-Krieg im Nahen Osten drosselte die Organisation der arabischen Erdöl exportierenden Staaten (OAPEC) die Fördermengen, was den Ölpreis auf dem freien Markt in den Folgemonaten rasant steigen ließ. In der Bundesrepublik wurde unter der sozial-liberalen Koalition eiligst ein Energiesicherungsgesetz erlassen, inklusive vier autofreier Sonntage und sogar Tempo 100 auf den Autobahnen – für eine befristete Zeit. Auch 1974 erhöhten sich die Rohöl-Importpreise für Westdeutschland immens. Die Folge war eine Wirtschaftskrise in der BRD, unter der nicht nur die chemische Industrie zu leiden hatte. Teilweise verzehnfachten sich die Preise für Kunststoffe. Die Abhängigkeit von Rohöl aus anderen Ländern wurde den westlichen Staaten nun deutlich vor Augen geführt – ebenso die Abhängigkeit ihres Wohlstandes davon –, und es stellte sich die Frage, ob das Kunststoffzeitalter wirklich in dem Umfang anbrechen würde, wie noch wenige Jahre zuvor prophezeit. So wechselte beispielsweise 1974 die mittelfränkische Firma Geobra von Plastik-Kindermöbeln zu wesentlich kleineren, aber hochwertigeren Produkten: Das Playmobil-Spielzeug kam auf den Markt.

Im Gegensatz zu den westlichen Ländern bekam die DDR, wie auch die anderen Ostblockstaaten, die Auswirkungen der Ölpreiskrise nicht gleich zu spüren. Durch den Bezug von Erdöl aus der Sowjetunion zu für mehrere Jahre fest vereinbarten Preisen profitierte der DDR-Außenhandel sogar in den Folgejahren zunächst von den gestiegenen Weltmarktpreisen und verkaufte Chemierohstoffe und Treibstoffe gewinnbringend gegen Devisen nach Westdeutschland. Auswirkung auf die Polyurethan-Möbelproduktion in Ostdeutschland hatte die Ölpreiskrise daher nicht.

Im vierten Quartal 1974 wurde in Schwedt dann erstmalig der Plan, also die vorgegebene Produktan-

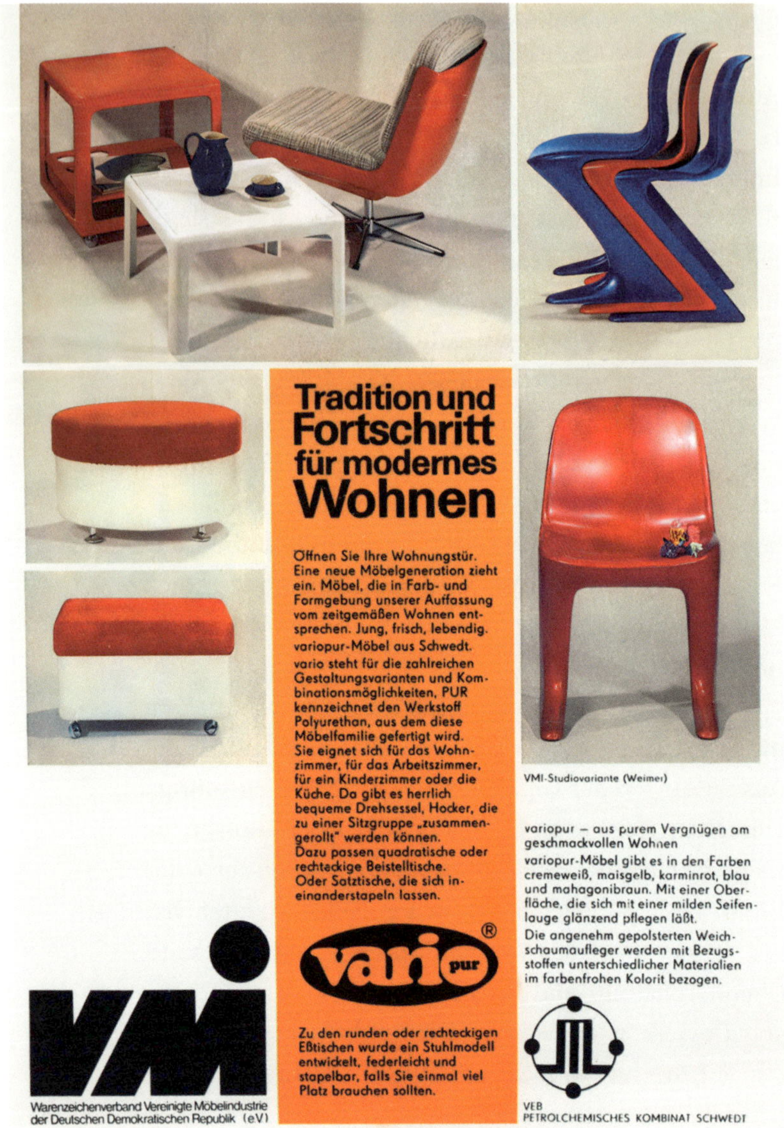

Variopur-Anzeige in der ostdeutschen Zeitschrift Kultur im Heim vom Mai 1974

zahl, erfüllt. Zwar herrschte nach wie vor eine gewisse Fluktuation unter den Arbeitern, die immer wieder neu angelernt werden mussten. Aber die Arbeitsabläufe waren zuvor geändert worden. Die Anlage der Siemag lieferte den vertraglich festgelegten Ausstoß an Möbeln, das aus Schwarzheide gelieferte Polyurethan konnte problemlos verarbeitet werden.

Der bislang große Player im Polyurethan-Business, die Bayer AG aus Leverkusen, war, von einigen zeitweiligen Grundstofflieferungen zur Überbrückung von Versorgungsengpässen aus Schwarzheide abgesehen, nicht in die deutsch-deutschen Geschäfte mit Schwedt oder Bernsdorf involviert gewesen. Umso größer schien deren Neugier, was es mit der angeblich größten Polyurethan-Möbelfabrik der Welt auf sich hatte. Am 17. Januar 1974 besuchten deshalb Vertreter von Bayer das Werk in Schwedt zu einer »Fachkonsultation«. Möglicherweise wollte Bayer sich auch in Stellung bringen, sollte es weiterhin Probleme bei der PU-Belieferung aus Schwarzheide geben. Konkrete Ergebnisse hatte der Besuch nicht. Auf die Ölkrise angesprochen, erwähnten die Bayer-Vertreter eine aktuelle Preissteigerung von 40 Prozent. In der Folgezeit blieb es bei den Lieferungen von Grundstoffen aus Schwarzheide.

Brüche, Stillstand, Neubeginn

Reuter ließ seit 1972 seine Möbel in der DDR produzieren. Doch der Plan seiner Reuter Design GmbH, mit futuristischen Designs und PU-Möbeln in der Bundesrepublik Geld zu machen, stand auf tönernen Füßen. Durch den Verkauf seiner Elastogran-Firma an die BASF gehörte ihm das Gelände in Lemförde nicht mehr, auf dem das Design-Center stand. 1972 folgte deshalb die Schließung des Centers und der Abriss des gerade mal zwei Jahre alten Gebäudes, da der Platz von den neuen Besitzern anderweitig benötigt wurde.

Ungeachtet dessen verbreitete sich in der DDR ab 1973 die Polyurethan-Technologie im Möbelbau immer mehr, neue Produktionsstandorte und weitere Kleinmöbel kamen hinzu. Das Amt für industrielle Formgestaltung konnte sich dabei zunehmend als Entscheider über Designs zwischen Produkt und Produktion etablieren. Bei all den massenhaft gefertigten PUR-Möbeln stellte sich aber irgendwann auch die Frage, ob wirklich so viele Menschen damit ihre Wohnungen ausstatten wollten. Doch zunächst hielt man an Polyurethan als Stoff der Zukunft in Form von Möbeln fest.

Von Reuter Design zur Form+Life Collection

Mit dem plötzlichen Ende des Design-Centers brach auch der freie Mitarbeiter Peter Ghyczy seine Zelte in Lemförde ab, zog mit seiner Familie nach Beesel in den Niederlanden und eröffnete kurz hinter der Grenze im westdeutschen Viersen das Büro »Ghyczy+Co Design Selection«. In der Fachzeitschrift *md-moebel interieur design* vom September 1973 schaltete er sogar eine halbseitige Anzeige mit verschiedenen Möbeln, teilweise nun aus Glas und Metall, und einem von ihm entworfenen Kunststoffsessel mit Polsterung. Auch der *Topsit* von Winfried Staeb war abgebildet. Der frühere Mitarbeiter Horst Breuer verließ 1972 ebenfalls Elastogran und machte sich in Lemförde mit seiner Firma »GEO Produkte« mit einer Duschkabinen-Produktion selbstständig. Bei Messeauftritten nutzte er in der Folgezeit für die Möblierung seines Standes das *Garten-Ei* und weitere Möbel aus dem Design-Center. Trotz der Schließung des Design-Centers ging der Verkauf der Möbel in Westdeutschland zunächst weiter. In der *Schöner Wohnen* vom April 1973 bewarb man in einer kleinen Notiz den von Ghyczy entworfenen quadratischen PU-Beistelltisch *Dion* von Reuter. Dieser wurde seit 1972 im ostdeutschen Bernsdorf hergestellt.

Und obwohl die Reuter GmbH Anfang 1973 schließlich in Konkurs ging, war die *Form+Life Collection* noch nicht Geschichte. Zur Möbelmesse in Köln im Januar 1974 wurde sie folgendermaßen präsentiert: »Eine derzeit 16-teilige Möbelkollektion aus zeitgemäßen Werkstoffen. Richtungsweisend in Technologie und Funktion. Entwickelt von namhaften Entwerfern.«[42] Die nur 50 Kilometer von Lemförde entfernt ansässige Mindener Büromöbelfirma Drabert hatte die Rechte an der *Form+Life Collection* aus der Konkursmasse der Reuter GmbH erworben und im November 1973 als einhundertprozentige Drabert-Tochter zur »form+life moebel gmbh & co kg« umgewandelt. Die Möbel von Drabert wurden zu diesem Zeitpunkt über den Bürofachhandel vertrieben, mit der *Form+Life Collection* war man jetzt zusätzlich auch im normalen Einrichtungshandel präsent.

Von den 16 Möbeln, die zur Kölner Messe vorgestellt wurden, waren allein sechs von Ghyczy noch vor 1972 im Design-Center entworfen worden, darunter das *Garten-Ei,* das jetzt als »Ei des Columbus« bezeichnet und beworben wurde, der einteilige Sessel *Caval,* der aus mehreren dreieckigen Einzelkomponenten zusammenfügbare *Trianel*-Tisch sowie der Klappstuhl *Lucy.* Hinzu kamen auch der *Topsit* und der *Hexagon*-Hocker. Alle genannten Möbel wurden seit 1972/73 im ostdeutschen Bernsdorf produziert – und nun zu Drabert nach Minden geliefert. Hinzu kam der Beistelltisch auf Rollen mit eingelegter Glasplatte von Horst Breuer. Dieser wurde allerdings nicht in Bernsdorf hergestellt, sondern bei einem unbekannten westdeutschen Hersteller. Ebenso wurde das L-förmige Regal von Peter Ghyczy, das die Vereinigten Werkstätten um 1971 bereits vertrieben hatten, in den Katalog aufgenommen.

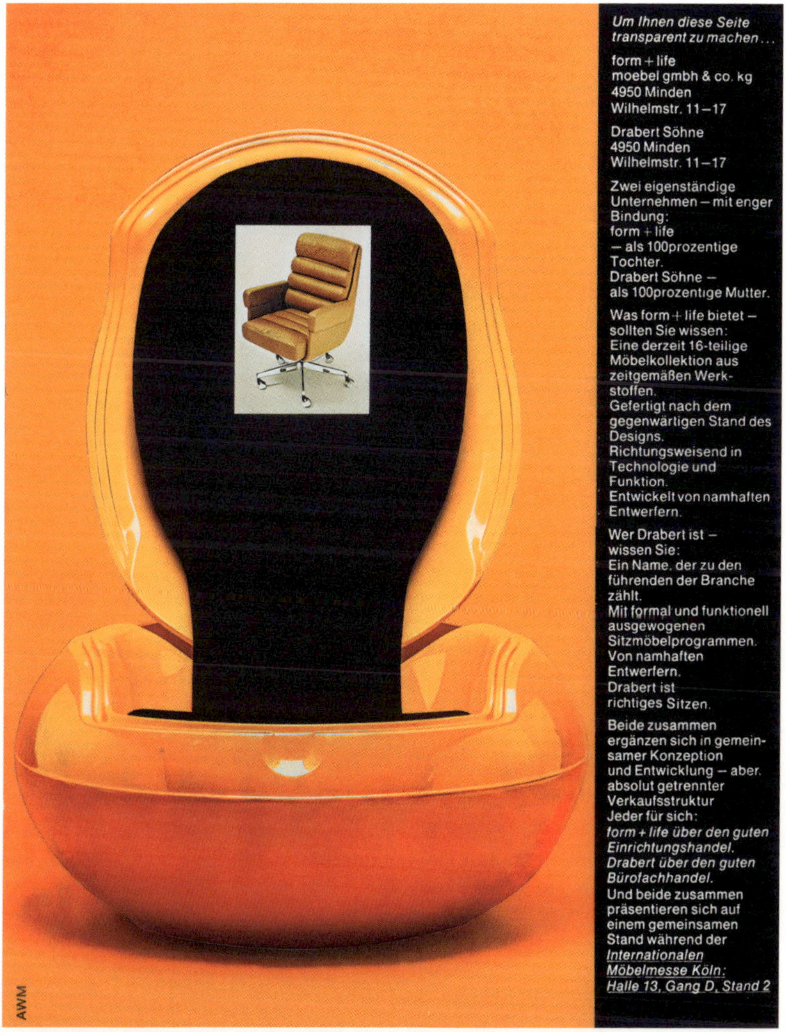

Diese aufwendig auf Pergamentpapier gedruckte Anzeige der Form+Life Collection erschien in der westdeutschen Fachzeitschrift md – moebel interieur design vom Januar 1974.

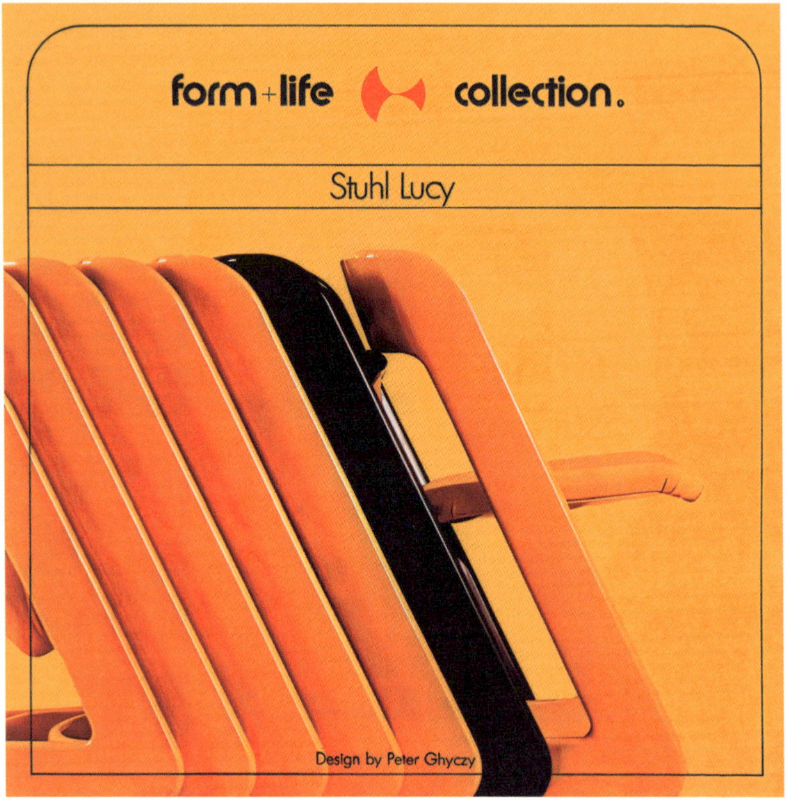

Jedes der Möbel aus der Form+Life Collection bekam einen eigenen kleinen quadratischen Prospekt, wie hier der Klappsitz Lucy. Die Fotos dafür waren bereits um 1971 für Reuter Design gemacht worden.

Zur *Form+Life Collection* kam 1974 der bereits seit Jahren bei Drabert gefertigte sehr erfolgreiche Stapelstuhl SM 400 mit Thermoplast-Kunststoffsitzschale und Metallbeinen, entworfen von Gerd Lange, der mit seinem Design hervorragend in diese Kollektion passte.

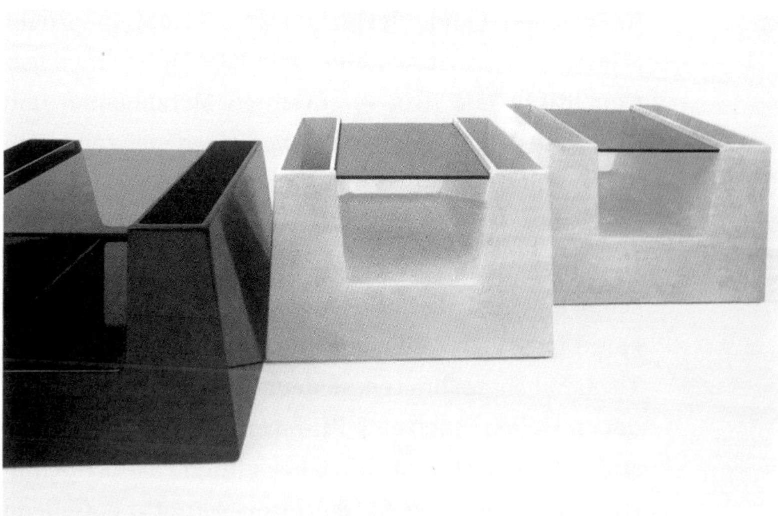

Der Barwagen der Form+Life Collection, gestaltet von Horst Breuer

Die *Form+Life Collection* mit Kunststoffmöbeln von Drabert trotzte den zeitweise gestiegenen Erdölpreisen, es gab sie bis 1985. Allerdings bald nicht mehr mit Möbeln aus ostdeutscher Produktion. Drabert war nämlich mit der Qualität der aus Bernsdorf importierten Polyurethan-Möbel nicht zufrieden. Immer wieder wurden Nacharbeiten erforderlich, die die Kollektion mit der Zeit unrentabel werden ließ. Man stellte deshalb spätestens Ende 1974 den Import ein.

Nachdem der westdeutsche Importeur weggebrochen war, produzierte man in Bernsdorf ab Ende 1974 keine Reuter-Möbel mehr, auch aufgrund fehlender Absätze im eigenen Land. Recht erfolgreich und in großer Stückzahl wurde noch im selben Jahr ein rechteckiger Couchtisch mit zwei verchromten Metallbeinen und Polyurethan-Tischplatten mit verschiedener zeitgemäßer organischer Ornamentik hergestellt. Allein 1974 setzte man davon bereits etwa 1700 Stück über den Handel zum Stückpreis von 255 Mark ab. Ein ostdeutscher Eigenentwurf, dessen Gestalter leider nicht bekannt ist. Hinzu kam ein runder, eher klobig wirkender Tisch mit einem breiten, säulenartigen Fuß in verschiedenen Höhen. Auch eine PU-Sitzschale für einen Drehstuhl, die vom Design einem bekannten Pagholz-Schulstuhl der bundesdeutschen Firma Flötotto auffallend ähnelt, produzierte man zumindest in einer Kleinauflage, ebenso einen höhenverstellbaren »Kindermehrzwecktisch«, über den es im Vorfeld mit dem Amt für industrielle Formgestaltung einige Diskussionen gab.

Zwischen MolliSit und Honapur – Überall Polyurethan-Möbel

Bernsdorf und Schwedt waren zwar die größten, aber nicht die einzigen Produktionsstandorte für Möbel aus Polyurethan in Ostdeutschland. Damals wurden in der gesamten DDR-Wirtschaft Möglichkeiten ausgelotet, wo und wie man Konsumgüter aus dem neuen Rohstoff herstellen könnte. Hier ging es dann schon weniger um futuristische Designs als um die pragmatische Umsetzung von neuen Produktionsmöglichkeiten, vor allem

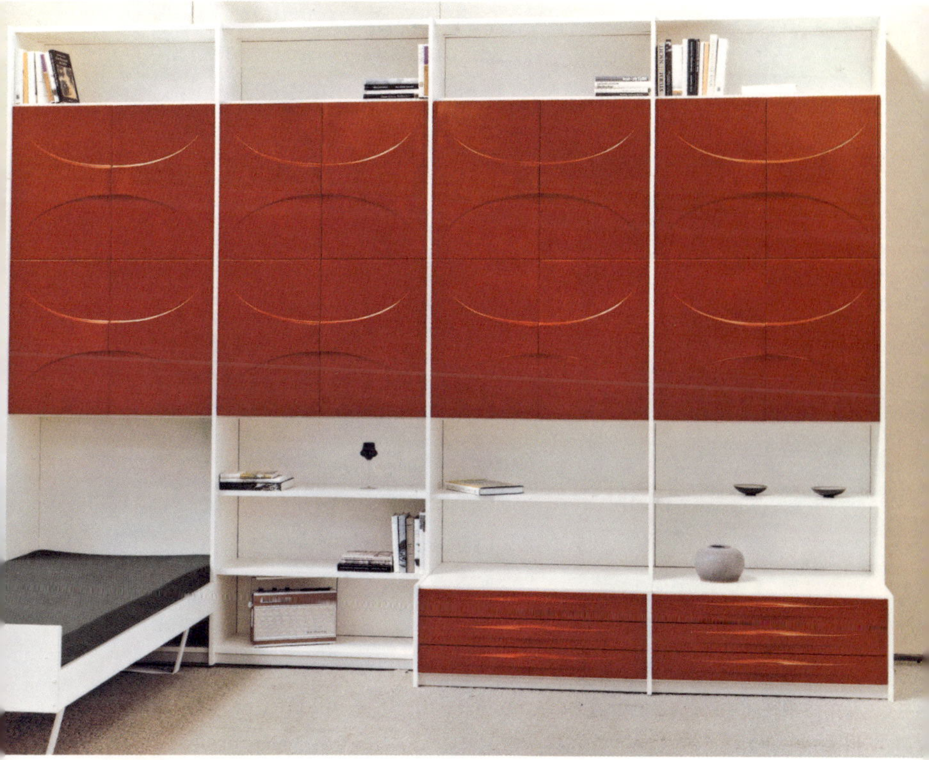

Das Möbelkombinat Hellerau hatte zunächst viele Pläne, Möbel aus Polyurethan herzustellen. Letztlich blieb es bei einer Kleinserie von Türen für das MDW-Programm, gestaltet von Rudolf Horn.

für Polstermöbel. Denn durch Polyurethan wurde es nun möglich, statt aufwendiger Polster aus Sprungfedern und Filzstoffen bereits fertig geformten Schaumstoff zu verwenden.

Für die planerische Umsetzung war unter anderem auch das Ministerium für bezirksgeleitete Industrie zuständig. Ihm unterstanden verschiedene volkseigene Möbelkombinate, wie die in Hellerau, Zeulenroda und Oelsa (Rabenau). Diese hatten die Entwicklungen im Breich Polyurethan um 1970 natürlich aufmerksam mitverfolgt und waren an den Chancen, die dieser Rohstoff bieten würde, nicht uninteressiert. In Hellerau entstanden deshalb 1971 mehrere Entwürfe von PUR-Möbeln. Für das MDW-Programm produzierte man bereits in einer Kleinserie mit PVC-Folie beschichtete PU-Türen mit einer typischen 1970er-Jahre-Ornamentik, gestaltet von Rudolf Horn. Davon abgesehen wurde Polyurethan in diesen Großbetrieben, nachdem es ab 1973 aus Schwarzheide endlich verfügbar war, ausschließlich für die Produktion von Möbelpolstern verwendet.

Hauptproblem der verarbeitenden Betriebe war zu diesem Zeitpunkt der Formenbau für die neuen PU-Produkte, der teilweise nur mit viel Fantasie und Eigeninitiative bewerkstelligt wurde. Langlebige Formen aus Metall konnten in dieser Zeit ausschließlich von westdeutschen Firmen hergestellt werden. Ostdeutsche Betriebe behalfen sich teilweise mit selbst gefertigten Formen aus Epoxidharz. Sogar bei den Trennmitteln zwischen Form und PUR-Schaum mussten sie improvisieren, und zwar mit dem im Einzelhandel erhältlichen Bohnerwachs Wittol.

Auf kommunaler Ebene wurden nun Betriebe regelrecht dazu verpflichtet, PUR-Produkte herzustellen. So hatte etwa der Wirtschaftsrat Halle an der Saale dem VEB Germaplast die Produktion von Sesseln und Korpussen aus Polyurethan auferlegt, obgleich der Betrieb über kleinerlei Erfahrung im Möbelbau verfügte. Hierfür wurden noch Ende 1972 bei Gottfried Reuter Maschinen zur PUR-Verschäumung gekauft. Die schlechten Erfahrungen mit Reuter in Schwarzheide schienen sich seinerzeit noch nicht überall herumgesprochen zu haben. Diesbezüglich war die Planwirtschaft recht planlos.

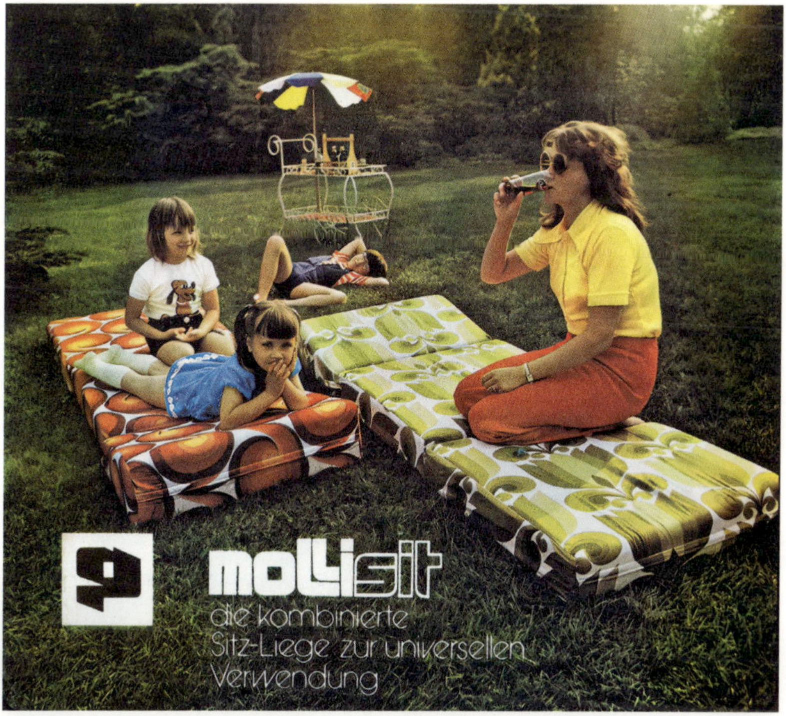

Der MolliSit war kein PUR-Möbel aus Hartschaum, sondern diente als Gästebett oder Sessel. Er zeigt aber exemplarisch, wie ab 1973 in der DDR verschiedene Konsumgüter aus Polyurethan gefertigt wurden.

Ab März 1973 sollte die Produktion bei Germaplast in Halle beginnen. Bei der Lieferung von Reuter handelte es sich offenbar teilweise um gebrauchte Maschinen. Der Betrieb berichtete gegenüber der Arbeiter- und Bauerninspektion bei einer Kontrolle im April 1973 von einigen verschlissenen Werkzeugen sowie von »Ärger mit westdeutschen Monteuren«[43]. Unter anderem waren drei Siemag-Schäummaschinen eingekauft worden, wovon eine an den VEB Holz Naumburg weitergereicht wurde. Germaplast beklagte außerdem die mangelnde Hilfsbereitschaft der Vereinigung Volkseigener Betriebe Möbel. Nachdem Reuter im Frühjahr 1973 in Konkurs gegangen war, übernahm Siemag die Restarbeiten zur Inbetriebnahme der Maschinen. Produziert wurden keine Möbel wie in Schwedt oder Bernsdorf, sondern verschiedene PUR-Weichschaumformteile, beispielsweise die dreiteilige, zusammenklappbare PUR-Weichschaumatratze *MolliSit* mit zeitgemäßen, farbenfrohen Bezügen als »kombinierte Sitz-Liege zur universellen Verwendung«.

Die PUR-Garderobenelemente von Rudolf Horn

In diesem Zusammenhang verdient eine Produktserie größere Aufmerksamkeit. Der VEB Holz in Naumburg bekam 1973 den Auftrag zur Produktion von PUR-Wandelementen, die von dem ostdeutschen Designer Rudolf Horn gestaltet worden waren. Sie passten von ihrer Formensprache nahtlos zu den anderen zeitgenössischen PUR-Möbeln.

Rudolf Horn wurde 1929 im sächsischen Waldheim geboren. Mit dem Familienbetrieb Horn aus Rudersberg ist er nicht verwandt. Nach seinen Ausbildungen als Tischler und Innenarchitekt übte er verschiedene Tätigkeiten aus. Berufsbegleitend erwarb er 1965 sein Diplom an der Hochschule für industrielle Formgestaltung Burg Giebichenstein in Halle, wo er kurz darauf selbst unterrichtete und 1971 sogar Professor wurde. Rudolf Horn war zu diesem Zeitpunkt einer der bekanntesten Gestalter der DDR, vor allem durch das MDW-Möbelprogramm aus Hellerau.

In Halle arbeitete er im Rahmen seiner Tätigkeit ab 1972 zusammen mit anderen Formgestaltern und Studenten an der Entwicklung von Möbeln aus Polyurethan. Rudolf Horn erinnerte sich später: »Als Gestalter hat mich der Werkstoff natürlich gereizt. Zunächst habe ich ein Ensemble – Tisch und Stuhl – entworfen und als Modell gebaut. Das Ganze wurde dem Amt für industrielle Formgestaltung in Ostberlin vorgestellt und akzeptiert.« Die alltagstauglichen Entwürfe gingen jedoch aus unbekannten Gründen nicht in Serienproduktion. Rudolf Horn: »Ich wollte das Thema Polyurethan eigentlich zur Seite legen, es kam jedoch anders. Der Maler Willi Sitte, mit dem ich befreundet war, hatte Kontakt zum VEB Holz Naumburg. ›Da arbeiten Leute, die mitdenken‹, meinte er, und die bräuchten ein neues Produkt, um die Kapazität des Betriebes voll nutzen zu können. Also bin ich nach Naumburg gefahren. Im Gespräch mit den Verantwortlichen entstand die Idee, ein Sortiment kleinteiliger Elemente für den Eingangs-

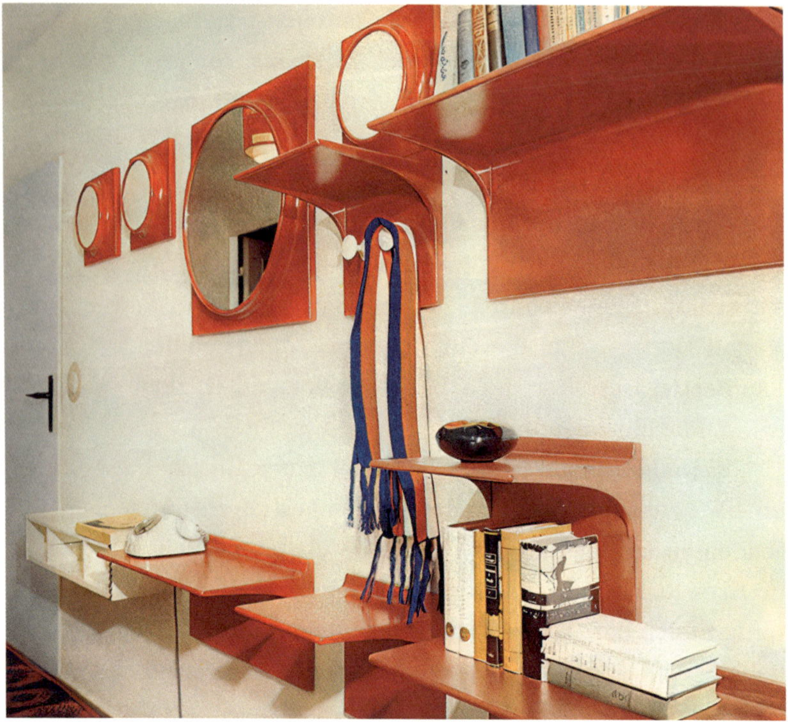

Die vielfältig einsetzbaren honapur-Wandelemente von Rudolf Horn belegen einmal mehr, dass in der DDR der 1970er Jahre qualitativ hochwertige Möbel produziert wurden, die gestalterisch auf der Höhe der Zeit waren.

bereich von Wohnungen zu entwickeln und dafür Polyurethan als Werkstoff einzusetzen. Also Spiegel, Ablagen, Aufhängung für Kleidung, Schirmständer und so weiter. Da diese Funktionsteile klein waren, hoffte ich, dass die dafür notwendigen Formteile in der DDR herstellbar wären. ›Ja, machen Sie mal‹, hieß es nur. Die Gestaltung des Sortiments hat Spaß gemacht. Gemeinsam mit Eberhardt Wüstner und Erich Schubert entstand auf Grundlage einer modularen Maßordnung ein Sortiment kombinierbarer Funktionselemente. Polyurethan als Werkstoff erlaubte eine reizvolle plastische Ausformung der unterschiedlichen Funktionsteile, die Vielfalt ihrer An- und Zuordnung schaffte Spielraum für individuelle Nutzung, das entsprach ohnehin meinem Gestaltungsprinzip.«

Die verschiedenen einfarbig lackierten Elemente mit ihren klaren, modernen Formen eigneten sich sehr gut sowohl für Flur als auch Wohnzimmer oder Bad. Gestalterisch und vor allem farblich griffen sie das Space Age-Design auf, ohne zu extravagant zu wirken. Obgleich im Herbst 1973 bereits die ersten Prototypen erstellt worden waren, gingen die verschiedenen kombinierbaren Polyurethan-Wandelemente in den Farben Rot, Weiß und Gelb erst 1976 in Produktion. Gründe dafür waren möglicherweise die schwierige Beschaffung der notwendigen Schäumformen – und die langsamen Mühlen der Planwirtschaft. Bei der zügigen Umsetzung dieses Möbelprogramms half leider keine Intrac.

Der VEB Holz gab diesem Ablagesystem den etwas sperrigen Markennamen *honapur,* eine Wortschöpfung aus den Anfangssilben der Worte Holz, Naumburg und Polyurethan. Der Naumburger Betrieb war Mitglied des Warenzeichenverbandes »expertic«, unter dem vor allem Kunsthandwerk, wie beispielsweise Holzschnitzprodukte aus dem Erzgebirge, im Inland und im westlichen Ausland vermarktet wurden. Deshalb klebten auf der Rückseite der Wandelemente von Rudolf Horn auch der »expertic«-Sticker, obwohl sie überhaupt nichts mit Holzprodukten zu tun hatten – vom Herstellerbetrieb einmal abgesehen. Nach Erinnerungen von Rudolf Horn wurden die *honapur*-Wandelemente aber im kleinen Umfang ebenfalls exportiert.

VEB Holzwaren Hachelstein Asbach/Schmalkalden

Nicht alle von der *Horn Collection* in Lizenz übernommenen Modelle wurden in Schwedt produziert. Mitte Februar 1973 begann in Thüringen im VEB Holzwaren Hachelstein Asbach/Schmalkalden, einem bezirksgeleiteten Betrieb, die Herstellung des Dreisatztisches, im Juli folgte eine Blumenwanne, beides aus der *Horn Collection*. Die Form für den Dreisatztisch wurde gebraucht von der Firma Horn geliefert, im Gegenzug exportierte man unlackierte Tische wieder nach Rudersberg und erwirtschaftete somit Devisen. Die Form der Blumenwanne war hingegen ein importiertes Neuwerkzeug nur für den Binnenmarkt.

Für 1973 waren im VEB die Produktion von 2500 Dreisatztischen geplant, wobei 1200 in den Export gehen sollten. Blumenwannen sollten 2000 Stück produziert werden.[44] Teilweise wurden auch unlackierte Pflanzwannen nach Schwedt zur Weiterverarbeitung geliefert. Die Herstellung der Blumenwanne war mit dem PCK Schwedt durch einen Überleitungs- und einen Kooperationsvertrag abgestimmt worden. Vermutlich wurde die Produktionsverlagerung veranlasst, um Transportwege für den Dreisatztisch nach Rudersberg einzusparen und um Produktionskapazitäten im VEB Hachelstein auszulasten.

Im Betrieb arbeitete man im Frühjahr 1973 außerdem an der Entwicklung von Gartenmöbeln aus Polyurethan, konkret an einem Schalensessel und einem Tisch mit Stahlrohruntergestell, entsprechende Gipsmodelle waren bereits in Arbeit. Es ist nicht überliefert, ob es letztlich zur Produktion der Eigenentwicklungen kam. Jedenfalls sind diesbezüglich keine Möbel bekannt. Der VEB plante außerdem, weitere Konsumgüter aus Polyurethan zu produzieren. Ob es zur Umsetzung kam, ist ebenfalls unbekannt.

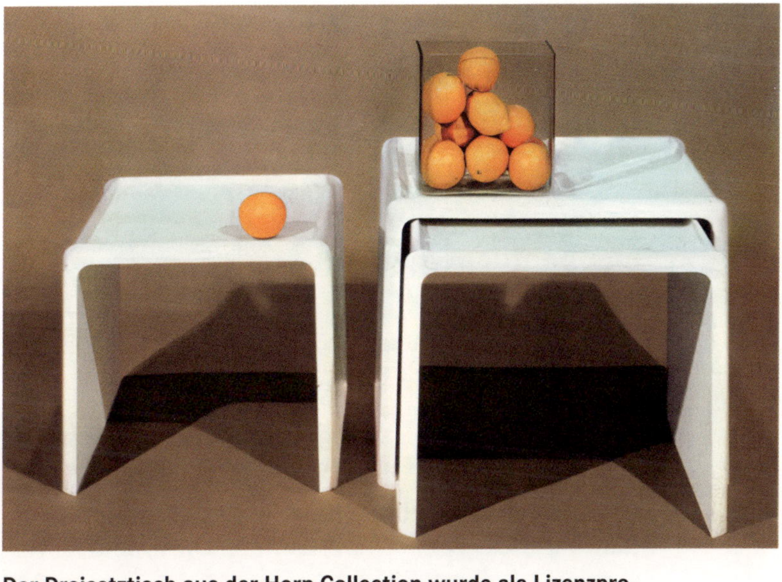

Der Dreisatztisch aus der Horn Collection wurde als Lizenzprodukt in der DDR ebenfalls unter Variopur geführt. Produziert wurde er jedoch nicht in Schwedt, sondern beim VEB Holzwaren Hachelstein Asbach/Schmalkalden.

VEB Möbelkombinat »neuzera« aus Rathenow

Relativ spät stieg ein weiterer Volkseigener Betrieb in die Produktion von PUR-Möbeln ein, und das auch nur mit einer Kleinserie. In der zweiten Hälfte der 1970er Jahre produzierte der VEB Möbelkombinat »neuzera« aus Rathenow verschiedene »Klubtische« mit PUR-Untergestellen in Form von halbrunden oder winkligen Elementen. Die Tischplatten waren jeweils aus Holz. Das Besondere an den Untergestellformen war, dass sie nicht lackiert, sondern mit einem »Schaumkunstleder« verkleidet wurden. Gestalterisch hatte man sich hier von den eleganten »spacigen« Formen der frühen 1970er verabschiedet, diese Möbel sollten nur noch ihren Zweck erfüllen und sehen dementsprechend beliebig aus.

Polyurethan-Möbel im öffentlichen Raum

Die Produktion der PUR-Möbel lief 1974 in der DDR auf vollen Touren, doch das neuartige Material, die ungewohnten Designs in Verbindung mit den für DDR-Verhältnisse relativ hohen Preisen führten in der Folgezeit nicht zu einer sprunghaften Popularität von Polyurethan-Interieur bei der Bevölkerung. Die erhofften Verkaufszahlen wurden nicht erreicht. Der witterungsbeständige *Känguruh*-Stuhl machte sich bei Garten- und Wochenendhausbesitzern selbstverständlich gut auf

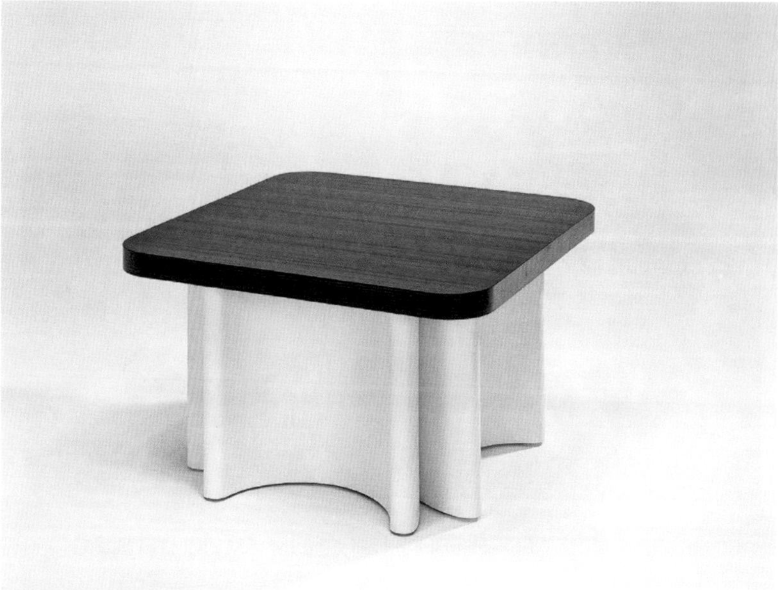

Einer der eher biederen PUR-Klubtische aus dem Möbelprogramm des VEB Möbelkombinat »neuzera« aus der zweiten Hälfte der 1970er Jahre

der Terrasse, die kleinen Couchtische passten perfekt in Neubauwohnzimmer, und auch für Kinderzimmer waren die farbenfrohen und pflegeleichten Möbel eine Bereicherung – so man denn das Geld dafür übrig hatte. Aber kaum jemand richtete bei sich zu Hause die Essecke komplett mit Kunststoffmöbeln ein. Auch wenn es mittlerweile in vielen Wohnungen die modernen, weißen MDW-Anbauwände gab – gerade bei Stühlen und Tischen waren nach wie vor Holzmöbel gefragt. Holz wirkte »wohnlicher«, die Stuhl-Sitzflächen waren zudem gepolstert.

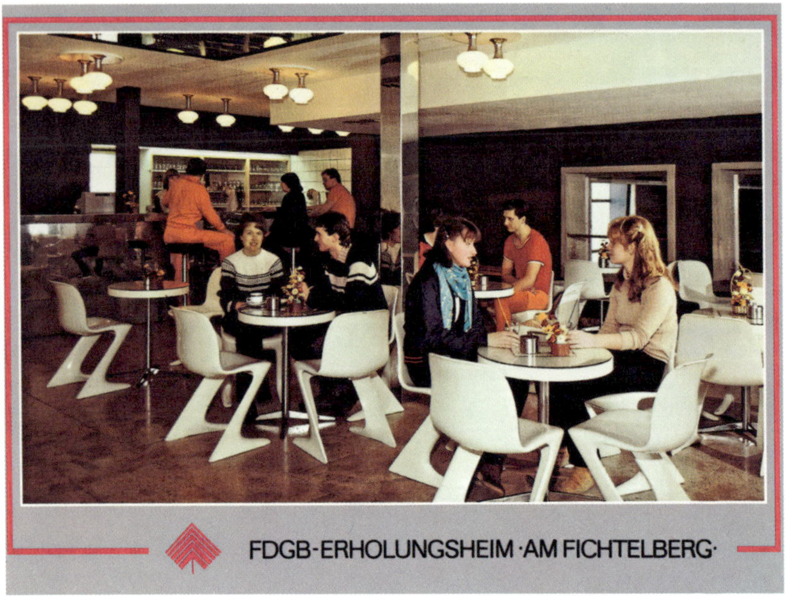

Die Känguruh-Stühle in der Milchbar des FDGB-Erholungsheims »Am Fichtelberg« in Oberwiesenthal boten sich auch deshalb für die Gatronomie an, weil sie sehr pflegeleicht waren.

Trotzdem wurden große Mengen der PUR-Möbel produziert, denn die Anlagen in Schwedt mussten ausgelastet werden. Deshalb gingen die ostdeutschen Verantwortlichen bald dazu über, die Möbel Großabnehmern anzubieten: Die Clubbar des Interhotel Panorama in Oberhof, die Milchbar des FDGB-Erholungsheims »Am Fichtelberg« in Oberwiesenthal, der Freisitz im Tierpark Eberswalde, der Wintergarten in Frankfurt an der Oder, die Milchbar in der Klement-Gottwald-Straße in Halle an der Saale, das Pressecafé

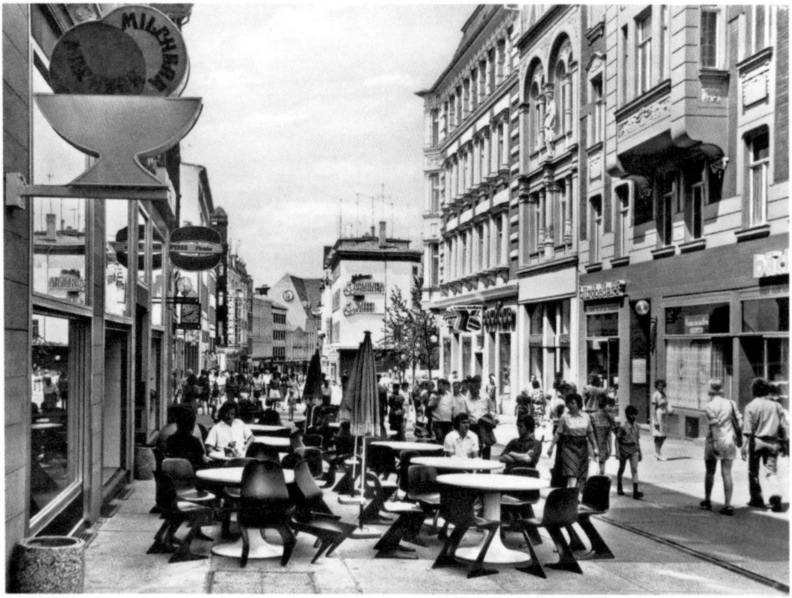

Besonders als Freisitzmöbel waren die regenunempfindlichen PUR-Möbel ideal. Hier stehen sie in einer Fußgängerzone vor dem Eiscafé in Halle/Saale. Die runden Tische sind ebenfalls aus der Horn Collection übenommen, designt von Ernst Moeckl.

am Ostberliner Alexanderplatz – überall konnte man nun in Hotels, Ferienheimen, Freibädern, Eisdielen und Freisitzen auf *Känguruh*-Stühlen Platz nehmen. Selbst das PCK Schwedt hatte seinen Speisesaal komplett mit PUR-Möbeln aus eigener Produktion ausgestattet.

Die *Känguruh*-Stühle, oft in Verbindung mit den Polyurethan-Tischen, waren etwa ab Mitte der 1970er Jahre in Ostdeutschland immer öfter im öffentlichen Raum zu finden, was ihre Wahrnehmbarkeit erhöhte. Das führte zwar nicht zu steigenden Verkäufen dieser

Möbel im Einzelhandel, aber besonders der ursprünglich westdeutsche *Känguruh*-Stuhl wurde dadurch mit den Jahren zu einem allgemeinen ostdeutschen Kulturgut – weil er einem überall in der DDR begegnete. Ganz im Gegensatz zu Westdeutschland, wo Polyurethan-Möbel so gut wie nie im öffentlichen Raum zu sehen waren. Die *Horn Collection* blieb in der Bundesrepublik Privatsache.

Die Polyurethan-Möbel von Ernst Moeckl und Co. tauchten dafür in einem ganz anderen Zusammenhang in der Öffentlichkeit auf: Zu den Olympischen Sommerspielen 1980 in Moskau schickte die DDR einen größeren Posten an *Variopur*-Möbeln zur Ausgestaltung des olympischen Dorfes. Exporte in andere Länder des Ostblocks gab es hingegen augenscheinlich nicht.

Bürokraten am Werk – Das Amt für industrielle Formgestaltung und die VVB Möbel

Die Bürokraten der volkseigenen Möbelindustrie beschrieben bereits seit dem Frühjahr 1970 viel Papier mit Überlegungen und Plänen zu den Möglichkeiten der Produktion von Polyurethan-Möbeln – in baldiger Erwartung des aus Schwarzheide gelieferten Rohstoffes. Aber inzwischen hatten trotz Planwirtschaft zwei chemische Großbetriebe in der DDR diese Überlegungen hinter sich gelassen und selbstständig Nägel mit Köpfen gemacht. In Bernsdorf bei Schwarzheide wurden

1972 bereits erste Möbel für den Export produziert, in Schwedt einige Monate später für den heimischen Markt. Doch die DDR-Bürokratie holte auf, besonders zwei Institutionen, die für Entscheidungen, welche Möbel wo produziert werden sollten, eigentlich zuständig waren: die Vereinigung Volkseigener Betriebe Möbel (VVB) und ganz besonders das neue Amt für industrielle Formgestaltung (AiF).

Um die Zügel wieder in die Hand zu bekommen, wollten das AiF und die VVB zunächst alle Beteiligten an einen Tisch holen. Am 19. Juli 1972 wurde auf einer Zusammenkunft in Dresden – dem Sitz der VVB Möbel – der »Zentrale Koordinierungsstab zum komplexen PUR-Einsatz in der Möbelindustrie« gebildet, abgekürzt ZKS-PUR, allerdings nur mit beratendem Charakter.[45] Die VVB Möbel leitete den Koordinierungsstab und benannte auch den Vorsitzenden, nämlich ihren eigenen Direktor für Wissenschaft und Technik. Etwa 60 Personen nahmen an dem Treffen teil, hauptsächlich von der VVB Möbel, verschiedenen Möbel- bzw. Polstermöbelbetrieben, besonders des VEB Hellerau, vom Amt für industrielle Formgestaltung sowie von der Intrac, aus Schwarzheide und dem PCK Schwedt.[46] Es sollten nun unter der Federführung des AiF neue Möbel aus Polyurethan entworfen sowie deren Absatzfähigkeit im Inland und Möglichkeiten für den Export ausgelotet werden. Dafür wurden Arbeitsgruppen gebildet, die alle vier bis sechs Wochen zusammenkommen sollten.

Das Treffen nutzte die VVB Möbel auch, um sich

einen Überblick über die bereits laufenden Planungen von PUR-Möbeln zu verschaffen, waren diese doch bislang nicht über ihren Schreibtisch gegangen, sondern über den des Ministers für Chemische Industrie. Auch kamen die Probleme des fehlenden und dringend benötigten Formenbaus in der DDR zur Sprache, ohne jedoch eine konkrete Lösung dafür zu haben.

Im Dezember 1972 nahm das AiF mit der üblichen Funktionärsprosa Kontakt mit der Hochschule Burg Giebichenstein auf: »Entsprechend der Festlegungen des Sekretariats des ZK der SED vom 31.5.1972 sowie den Ministerratsbeschlüssen vom 12.7. und 16.8.1972, zur Verbesserung der Versorgung der Volkswirtschaft mit hochwertigen Konsum- und Industriegütern aus PUR, sichert das AiF in Zusammenarbeit mit den Außen- und Binnenhandelsorganen eine einheitliche und gezielte Lenkung der Formgestaltung von Konsumgütern aus PUR.« Man bat zunächst um Informationen zu laufenden Arbeiten mit Polyurethan.[47] Auch mit weiteren ostdeutschen Formgestaltern und der Kunsthochschule Weißensee stand das AiF bezüglich neuer PUR-Möbelentwürfe bereits seit Herbst in Kontakt. Dabei war zeitweise auch im Gespräch, die aus der *Horn Collection* nicht übernommenen, aber sehr alltagstauglichen *Team Tainer*-Kleinmöbel-Elemente des westdeutschen Designers Reiner Moll mit neuen Varianten weiterzuentwickeln und nachzubauen.[48]

Mitte Dezember 1972 hatte das AiF schließlich eine Konzeption für die künftig von ihr vorgesehene »einheitliche und gezielte Lenkung der Formgestaltung von Konsumgütern aus PUR« erstellt. Dabei fühlte man sich nicht nur für Möbel zuständig, sondern auch für »Tapeten, Schuhe, Haushaltsgeräte, Rundfunk-, Fernseh- und Phonogeräte sowie Verkehrsmittel«. Alle Betriebe, die dahingehend Entwürfe erstellen ließen, waren dem AiF »vorlagepflichtig«. Das Amt zwängte sich also in den einzelnen Betrieben zwischen Entwicklung und Produktion, um jegliche Entwürfe auf ihre gestalterische Qualität zu überprüfen – oder dem, was Bürokraten darunter verstanden.

Augenscheinlich hatte das erst im Februar 1972 gegründete und mit 100 Mitarbeitern ausgestattete Amt mit Sitz in Berlin-Pankow, das dem ersten stellvertretenden Vorsitzenden des Ministerrates unterstellt war, noch gewisse Legitimitätsprobleme gegenüber den einzelnen Institutionen. Das AiF war als staatliche Institution für Planung, Leitung und Überwachung der gesamten industriellen Formgestaltung in der DDR eingerichtet worden, mit dem Ziel, das Niveau der einheimischen Produktdesigns zu erhöhen. Das bedeutete ein Mitsprachrecht bei allen geplanten Konsumgütern und verlangsamte zusätzlich Entscheidungen. Ende Februar 1973 stellte das AiF auf einer Dienstbesprechung in Bezug auf die Arbeit der letzten zwei Monate fest, dass sich »keine wesentlichen positiven Veränderungen zur Realisierung der von Partei und Regierung angeregten Beschlüsse zur Verbesserung der Versorgung der Bevölkerung mit hochwertigen Konsum- und Industriegütern aus PUR ergeben haben«[49]. Dies hatte natürlich auch damit zu tun, dass sowohl das PCK

Schwedt als auch der Betriebsteil Bernsdorf des Synthesewerks Schwarzheide bereits mitten in der Produktion bzw. der Vorbereitung steckten und das AiF aktuell nichts Konstruktives zur Gestaltung dieser Möbel mehr beitragen konnte.

Im Herbst 1973 bildete dann das Amt für industrielle Formgestaltung eine zusätzliche »Arbeitsgruppe Polyurethan«, in Kooperation mit dem zentralen Arbeitsstab PUR. Erreicht werden sollte eine »zielstrebige Untersuchung von Entwicklungs- und Forschungsleistungen auf dem Gebiete PUR«[50]. Nicht die einzelnen verarbeitenden Betriebe, sondern das Amt für industrielle Formgestaltung wollte von nun an zentral alle PUR-Möbel-Neuentwicklungen koordinieren und die entsprechenden Aufträge vergeben. Aber die geforderte Hierarchie wurde nicht von allen Beteiligten eingehalten. Zur selben Zeit gab stattdessen der Minister für Chemische Industrie und das Ministerium Wissenschaft und Technik direkt einen Auftrag an den VEB Leichtbau Bernsdorf zur Fertigung eines Schülerschreibtisches aus Polyurethan. Vorlage war der höhenverstellbare Kunststoff-Kinderschreibtisch aus Polystyrol der westdeutschen Firma Flötotto. Das AiF quetschte sich sogleich in die Planungen mit hinein und beurteilte den Stand der Dinge: »Es besteht der Auftrag, eine Nachentwicklung in PUR vorzunehmen, ohne dabei Lizenzen zu nehmen.«

Bei einer Besprechung in Bernsdorf am 1. März 1974 stellte der Vertreter des Amtes für industrielle

Formgestaltung zunächst fest, dass das Projekt weder mit ihnen noch mit dem VVB Möbel Bereich Erzeugnisentwicklung, dem Planungsstab PUR oder anderen zentralen Handelsorganen abgestimmt worden sei. Dementsprechend negativ fiel auch die Einschätzung des AiF-Vertreters aus, der nach Begutachtung des 1:1-Modells meinte, dass der Entwurf »ungestaltet« wirken würde und man mit der Verwendung von Spanplatten ein gleiches Ergebnis erzielen könne. Darüber hinaus sei die Ähnlichkeit zum Flötotto-Original zu deutlich, sodass er fürchtete, dass bei Außenstehenden der Eindruck erweckt werden könne, »dass in der DDR geistige Armut herrschen würde«. Nachdrücklich sprach er sich für Überarbeitungen und weitere Begutachtungen durch das AiF aus.[51] Einen Monat später fand im Ministerium für Chemische Industrie eine Besprechung mit Vertretern des AiF statt. Dort betonten letztere noch einmal, dass nicht das Ministerium, sondern die VVB Möbel dafür zuständig sei festzulegen, wer was wann und wo entwickelt und produziert. Besonders der Betriebsteil Bernsdorf sei für solche eigenmächtigen Neuentwicklungen nicht geeignet. Eine Kleinserie des Schreibtisches wurde offenbar dennoch produziert, und sogar ein Nachfolgemodell war geplant. Das Projekt verlief aus unbekannten Gründen aber im Sande, obgleich im Land der Bedarf an so einem Schreibtisch existierte.

Bereits kurz vor dem Treffen in Bernsdorf Ende Februar 1974 war das AiF bei einem Gespräch mit Vertretern des Ministeriums für Chemische Industrie auf

»die Pflichten und Rechte des Amtes für industrielle Formgestaltung bei der Entwicklung von PUR-Erzeugnissen« zu sprechen gekommen. »Der VEB SWS, Betriebsteil Bernsdorf, hat in Zusammenarbeit mit dem Amt für industrielle Formgestaltung neue PUR-Möbelentwicklungen vorgenommen. Unabhängig davon werden nach wie vor PUR-Möbel unter Umgehung der Prüfpflicht (Gartenei, Badewannentisch) produziert. Diese Möbel werden im VEB SWS als Gartenmöbel ausgewiesen, vom Handel jedoch im Wohnbereich angeboten.« Geplant war vom AiF – wahrscheinlich aufgrund der bereits vorhandenen Maschinen und Mitarbeiter sowie der räumlichen Nähe zur VVB Möbel in Dresden –, Bernsdorf künftig als Forschungsbetrieb für PUR-Anwendungen zu etablieren. Und um das Bürokratie-Chaos perfekt zu machen: Zu diesem Zeitpunkt gab es noch einen weiteren zentralen PUR-Arbeitsstab beim Ministerium für Chemische Industrie, der sich ebenfalls mit PUR-Produkten beschäftigte.

Realistisch wurde hingegen vom AiF in einem internen Schreiben festgestellt, dass die Preise der aktuell erhältlichen PUR-Möbel »nicht den Bedürfnissen breiter Bevölkerungsschichten« entsprechen würden. Hinzu käme der Arbeitsaufwand bei der Herstellung. Besonders die Oberflächenbehandlung (Schleifen, Spachteln, Lackieren) sei im Vergleich zur Oberflächenbearbeitung eines Holzstuhles wesentlich zeit- und arbeitsintensiver. Diese Rechnung ging natürlich nicht auf, da die Herstellung eines Holzstuhles insgesamt wesentlich mehr Arbeitsschritte beinhaltet und bis zur Oberflächenbehandlung wesentlich mehr Zeit aufgebracht werden muss – im Vergleich zum minutenschnellen Aufschäumen eines PU-Stuhles. Aber Fakt war, dass durch die aufwendigen Schleif- und Lackierarbeiten eine wirklich preisgünstige Massenproduktion nicht möglich zu sein schien.

Besonders die eigenmächtige Arbeit des PCK Schwedt schien dem AiF nicht zu gefallen, zumal dort die größten Produktionskapazitäten für PUR-Möbel vorhanden waren. Gegenüber anderen Bürokraten stellte das AiF die Situation in Schwedt so dar, dass dort nur Möbel produziert und entwickelt werden würden, »um Bedarfslücken zu schließen«.[52] Zusätzlich wurden mehrere Maßnahmen festgelegt, die dem Amt mehr Einfluss auf die dortige Produktion sichern sollten.

Perspektivisch strebte man »aus Kosten- und Preisgründen« an, Polyurethan vor allem bei Polster- und Sitzmöbeln zu verwenden. »Gesellschaftliche Verbraucher« (Hotels, Sportanlagen, Gaststättenfreisitze ...) erschienen dem AiF ein besserer Abnehmer für aktuelle PU-Möbel als Privathaushalte. Polyurethan-Verfahrenstechnologien sollten künftig zentral im von der VVB Möbel beauftragten Forschungsinstitut für Holztechnologie in Dresden entwickelt werden. Insgesamt wurden Kleinmöbel aus Polyurethan vom Amt für industrielle Formgestaltung nicht abgelehnt, es erschien deren Herstellung in der DDR 1973 jedoch noch zu arbeits- und kostenintensiv.[53]

Mittelfristig ging es dem AiF darum, die gerade erst eingeführten westdeutschen PUR-Möbel durch Eigenentwicklungen abzulösen und zu erweitern. In der Folgezeit ließ das Amt, neben den Hochschulen in Giebichenstein und Weißensee, auch von verschiedenen freiberuflichen Formgestaltern Entwürfe für Polyurethan-Möbel erstellen, vor allem Stühle und Behältnisse zur Aufbewahrung wie stapelbare Kästen. Keiner der Entwürfe wurde jedoch anschließend produziert. Vielen sieht man an, dass die Gestalter mit dem neuen PUR-Material und deren Möglichkeiten wenig vertraut waren und somit zwar verspielte, aber keine alltagstauglichen Ergebnisse erzielten. Bemerkenswert bei allem Aufwand des AiF ist zudem, dass es seit 1969 die GFK-Kunststoff-Möbel der ostdeutschen Gestalter Dieter von Amende, Horst Hartmann und Roland Löffler für Freisitze in Karl-Marx-Stadt gab, die ebenso für eine Produktion aus Polyurethan geeignet gewesen wären. Das AiF sorgte also weder für Effektivität und Rationalisierung, sondern lediglich für Bürokratisierung.

Neue Möbel aus Schwedt

Parallel zum Aufbau des Möbelwerkes im PCK Schwedt wurde 1972 auch eine eigene Entwicklungsabteilung für Polyurethan-Möbel eingerichtet. Siegfried Mehl gehörte dazu. 1946 geboren, wuchs er in Güstrow auf, kam 1967 nach Schwedt und arbeitete als gelernter Bauingenieur zunächst im Bereich Architektur.

Schließlich bot man ihm an, in die eben gegründete PUR-Möbel-Entwicklungsabteilung im PCK zu wechseln. Für diese neue Arbeit verschaffte man ihm eine in der DDR nicht untypische Weiterqualifikation. Neben seiner neuen Arbeit absolvierte er deshalb ein Fernstudium für Formgestaltung an der Hochschule Burg Giebichenstein in Halle. Siegfried Mehl erinnerte sich später: »In unser Entwicklungsabteilung in Schwedt haben etwa acht Leute gearbeitet, unter anderem zwei Designer, einer davon ich, ein Technologe, ein Konstrukteur, der die Machbarkeit beurteilen musste, zwei Tischler, die uns die Modelle anfertigten, teilweise 1:1. Das war Teamarbeit, die Spaß gemacht und immer wieder neue Herausforderungen hervorgebracht hat.«

Die ersten Eigenentwicklungen, die 1975 in Produktion gingen, waren zwei runde Tische, als kleiner Beistelltisch und in Esstischgröße, gestaltet von Siegfried Mehl. Die *Horn Collection* verfügte ebenfalls über einen von Ernst Moeckl designten runden Esstisch, der anfangs auch in Schwedt in Lizenz produziert worden war. Die beiden ostdeutschen Eigenentwürfe waren vom Durchmesser jedoch etwas kleiner, somit auch für die zahlreichen kleinen Neubauwohnungen geeignet. Darüber hinaus hatten sie den optischen Vorteil, dass der aus zwei Teilen bestehende trompentenförmige Fuß von der Gestaltung im Detail fließender und somit stimmiger, geradezu spaciger wirkte als das westdeutsche Original.

Für Schwedt wurde außerdem das Polstermöbelprogramm *Carat 8* – weißlackierte Polyurethan-Korpusse, auf die bezogene PU-Polster gesetzt wurden – von dem ostdeutschen Formgestalter Jürgen Falley entwickelt. Die einzelnen Elemente konnten miteinander verschraubt werden, sodass Sofas bzw. Sitzgarnituren entstanden. Das Sesselmodul ging im Dezember 1975 in Produktion, innerhalb eines halben Jahres waren bereits 3500 Stück an den Handel ausgeliefert worden.[54] Die miteinander verbundenen Polyurethan-Polsterauflagen in markanter Form wurden im Übrigen auch für andere Möbel verwendet, beispielsweise für einen Stahlrohrsessel. Ob dieser ebenfalls im PCK Schwedt produziert wurde, ist nicht bekannt. Möglicherweise lieferte das PCK die bezogenen Polster an einen anderen Betrieb.

Die metallenen Schäumformen für die eigenentwickelten Möbel konnten in den ersten Jahren noch nicht in der DDR hergestellt werden, da es an den notwendigen Spezialbetrieben mangelte. Deshalb schickte man die technischen Zeichnungen zu den Fachfirmen nach Westdeutschland und ließ dort diese Formen herstellen, um sie anschließend zu importieren. Hierbei ergaben sich natürlich auch immer wieder technologische Rückfragen zu den jeweiligen Aufträgen und man griff zwischen West und Ost zum Hörer. »Ich hatte einige Telefonate mit einer westdeutschen Firma, die diese Gussformen für uns herstellte«, weiß Siegfried Mehl noch zu berichten. »Und bei diesen Telefonaten war vom Betrieb immer extra noch jemand mit im Raum, um zu kontrollieren, was ich sagte.« Das Misstrauen in die eigene Bevölkerung machte selbst oder

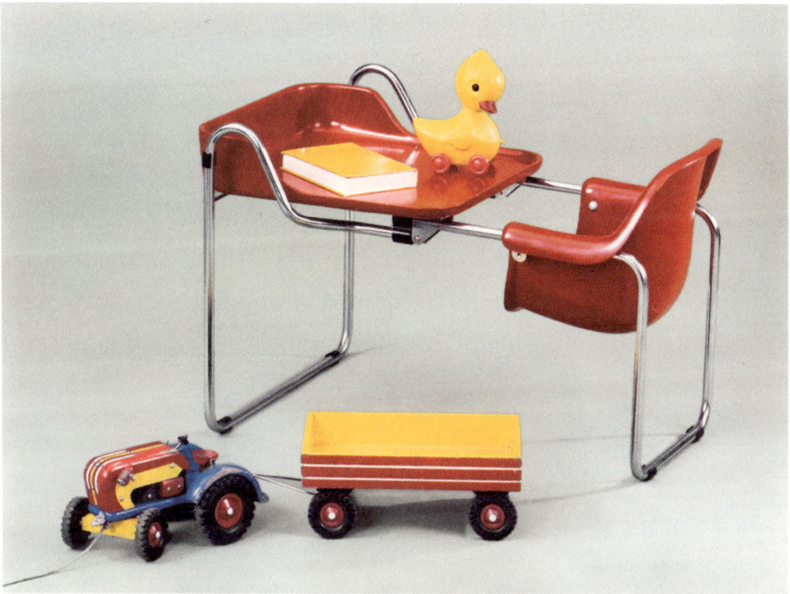

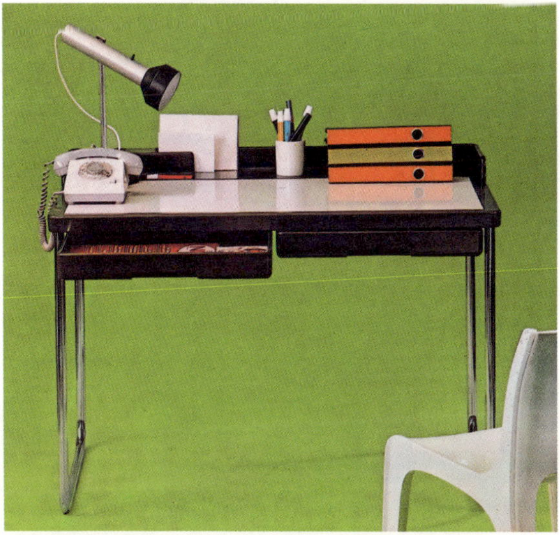

Nur ein Prototyp – der variable Kinderstuhl aus der Entwicklerabteilung in Schwedt ging nie in Produktion.

Dieser Schreibtisch hätte sicher seine Abnehmer in der DDR gefunden, wurde aber nie produziert.

vielleicht erst recht bei technischen Fachgesprächen für die eigene Volkswirtschaft nicht halt.

Neben Polstermöbeln entstanden in Schwedt weitere neue Polyurethan-Möbel, obgleich man keinen Anspruch hatte, in der organisch-poppigen Formensprache zu verharren oder diese weiterzuentwickeln. Die Zeitschrift *Guter Rat* zeigte 1976 Prototypen eines variablen Kinderstuhls in Verbindung mit einem verchromten Metallgestell, sowie – ebenfalls mit Chrom-

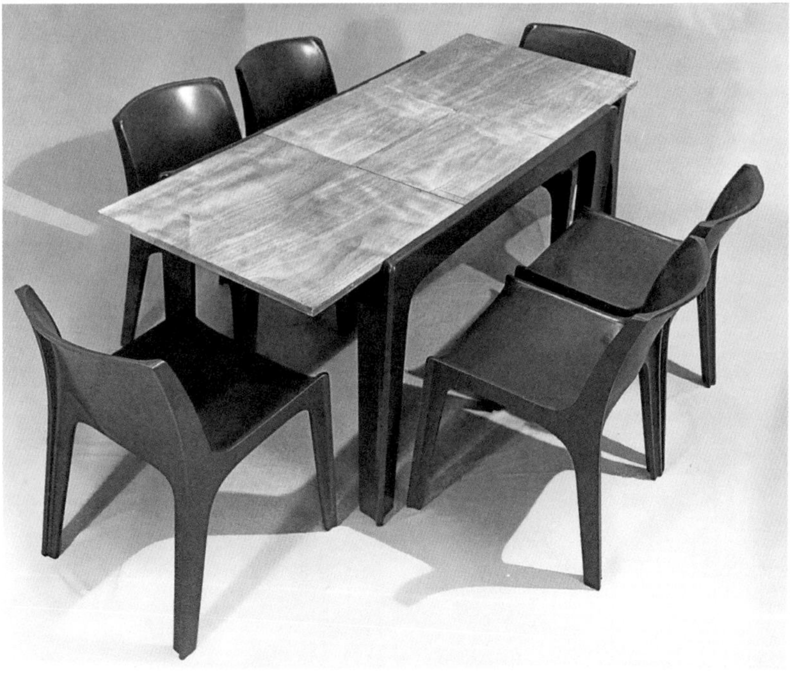

Sitzgruppe, gestaltet von Siegfried Mehl. Der Stuhl ersetzte ab 1977 den Känguruh-Stuhl im Variopur-Programm. Von dem Esstisch mit ausziehbarer Tischplatte aus furnierter Spanplatte wurden nur wenige produziert.

füßen – einen kleinen Schreibtisch, inspiriert, aber nicht kopiert von dem der *Horn Collection.* Der Abteilungsleiter für Erzeugnisentwicklung des PCK Manfred Kasch erklärte im Heft: »Wir bemühen uns, die neuen Modelle kleiner zu gestalten. Dabei dachten wir in erster Linie an die Ausstattung von Neubauwohnungen, für die die bisherigen PUR-Möbel teilweise zu groß waren.« Der alltagstaugliche Schreibtisch und der Kinderstuhl wurden später nicht produziert, Grund waren wahrscheinlich wieder die bürokratischen Mühlen der Planwirtschaft. Auf den Bildern ist aber auch ein von Siegfried Mehl designter vierbeiniger PU-Stuhl mit einer – im Vergleich zum *Känguruh*-Stuhl – etwas konventionelleren Form zu sehen. Ein Sitzmöbel dieser Art hatte sich der ostdeutsche Einzelhandel als Ablösung des *Känguruh*-Stuhls gewünscht. Dazu gehörten auch ein ausziehbarer Esstisch und ein Hocker. Das Ensemble war Mehls Diplomarbeit als Formgestalter an der Burg Giebichenstein. Vom Stuhl wurde ab 1977 eine größere Anzahl produziert, der mit einer ausziehbaren Holzplatte versehene Tisch scheint hingegen nur in einer Kleinserie hergestellt worden zu sein.

Hatte man in der DDR den Ehrgeiz, Produkte auf internationalem Niveau zu designen und zu produzieren, mussten die Formgestalter sich verständlicherweise über die weltweiten Designentrends informieren. Da es in der DDR nicht möglich war, westliche Zeitschriften zu kaufen, bemühte man sich in Schwedt um eine Sondergenehmigung für Möbelmagazine. Siegfried Mehl: »Als Entwicklungsabteilung für neue Möbel mussten wir uns natürlich an den internationalen Märkten orientieren, auch an den westlichen. Also haben wir im Kombinat an die Betriebsleitung gemeldet, dass wir aktuelle Fachzeitschriften aus dem Westen brauchen, die man in der DDR sonst nicht bekam. Wir bestellten jeweils eine dänische, eine niederländische, eine italienische und eine westdeutsche Möbelzeitschrift, mit der Erklärung, dass wir sonst nicht wissen, wo wir international mit unseren Produkten stehen würden. Und die haben es tatsächlich geschafft, uns vier oder fünf verschiedene Zeitschriften jeden Monat zu besorgen. Die schauten wir natürlich mit großem Interesse durch und konnten uns orientieren. Manchmal waren mehrere Seiten zusammengetackert, teilweise wurden auch Seiten rausgerissen. Das war also eine Art Zensur, denn wir sollten diese Seiten nicht lesen. Da sagte ich mal in unserer Runde: ›Wir sind doch keine Kinder, wir können das doch selber einschätzen, ob das was für uns ist oder nicht.‹ Es folgte auch ein Streitgespräch mit den SED-Funktionären im Betrieb, und wir hatten uns darüber aufgeregt. Die Zeitschriften haben wir aber weiter bekommen.«

Orientierte sich die Entwicklungsabteilung zum einen an den internationalen Trends, so standen auf der anderen Seite die Vertreter des DDR-Handels, die wiederum eigene Vorstellungen und Erfahrungen hatten, was gerade gebraucht wurde und gekauft werden würde. Dies führte immer wieder auch zu Reibungen, wie Siegfried Mehl später erzählte: »Der staatlich gelenkte Handel rümpfte teilweise die Nase über unsere

Designs, PUR-Möbel seien nicht so schön, wir sollten doch mal was Liebliches produzieren, die standen auf eine ganz andere Ästhetik als wir. Wir hingegen wollten variable Möbel und klare Formen, was dem Material ja auch viel besser entsprach. Hin und wieder haben wir dem Handel unsere Neuentwicklungen vorgestellt und die sagten uns dann manchmal auch, dass sie dies und das nicht wollten. Auch redeten sie uns bei der Stoffauswahl und bei den Farben rein, und dann mussten wir als Designer eingreifen und ihnen erklären, dass dies und das wiederum nicht geht. Die wollten Plüsch und solchen Sachen, aber das passte natürlich nicht.«

Durch die schleppenden Verkäufe und die Vorbehalte des Handels zeigte sich zunehmend, dass der Werkstoff Polyurethan im futuristischen Möbeldesign als Massenware für die Bevölkerung in der DDR möglicherweise keine Zukunft hatte, trotz der Neuentwicklungen. Bereits Ende 1977 wurde in Beratungen zwischen der Entwicklungsabteilung des PCK Schwedt und dem Amt für industrielle Formgestaltung darauf hingewiesen, dass für ein geplantes »Sessel-Ensemble« nur relativ geringe Absatzmengen erwartet werden. Bei der Eröffnung des Möbelwerkes in Schwedt 1972 hatte niemand darüber nachgedacht, ob die Menschen solche klar erkennbaren Kunststoffmöbel in zehn Jahren noch schön finden würden, ob dieser Designstil dann noch aktuell wäre und ob sich Polyurethan als Werkstoff für Möbel durchsetzen würde. Mit der Zeit hatte man festgestellt, dass es kostengünstiger und weniger zeitaufwendig war,

Möbel weiterhin aus Holz bzw. Holzverbundstoffen wie Spanplatte herzustellen. Einzig für stoffbezogene Polster hatte sich Polyurethan in der Möbelindustrie vollends bewährt und durchgesetzt.

Mit Kunststoffmöbeln konnte man augenscheinlich nicht die Zukunft in den ostdeutschen Wohnungen einläuten. Dabei begann für die DDR gerade auf anderem Gebiet das Weltraumzeitalter Wirklichkeit zu werden: Am 26. August 1978 flog Siegmund Jähn aus dem vogtländischen Erzgebirge als erster (Ost-)Deutscher mit einer Sojus-Raumkapsel ins Weltall. Sieben Tage war er mit sowjetischen Kosmonauten in der Raumstation Saljut 6 und führte wissenschaftliche Experimente durch, unter anderem mit einer Multispektralkamera, produziert vom VEB Carl-Zeiss-Jena.

Die SED-Führung platzte förmlich vor Stolz. In den 1970er Jahren hatte die DDR bereits mit einer Vielzahl von sportlichen Erfolgen bei internationalen Wettkämpfen und Olympiaden von sich reden gemacht. Aber nun zog man dem westlichen Konkurrenten im Wettstreit um das »bessere Deutschland« auf einem Gebiet so richtig davon. Waren die Ladenregale in der DDR auch weitaus schlechter gefüllt und die heimischen Autos alles andere als zukunftsweisend – in der Raumfahrt hatte die DDR die Bundesrepublik überholt, ohne sie einholen zu müssen. Natürlich war dies letztlich nur ein politischer Erfolg – die Raumfahrttechnik gehörte, von der High-Tech-Kamera aus Jena abgesehen, dem großen Bruder aus der Sowjetunion. Und es blieb bei dem einen Flug eines DDR-Bürgers ins Weltall, die propagandistische Mission war damit erfüllt.

Erst fünf Jahre später, am 28. November 1983, saß schließlich Ulf Merbold, ein Astronaut mit bundesdeutschem Pass, in einem amerikanischen Space Shuttle und führte zehn Tage im All mit seinen NASA-Kollegen Experimente durch. Kleine Notiz am Rande: Ulf Merbold war bis 1960 ebenfalls DDR-Bürger gewesen, bevor er dauerhaft in die Bundesrepublik ausreiste. Er wuchs im thüringischen Greiz auf, keine 40 Kilometer entfernt von der Heimatstadt Siegmund Jähns. Der erste Bundesbürger im All war also streng genommen auch ein Ostdeutscher.

Zurück auf die Erde und in die Möbelproduktionshallen in Schwedt: Mit einer variablen Sitzgruppe, genannt *Programm Schwedt 82,* stellte das PCK 1981 ein von Siegfried Mehl und seinen Kollegen bereits 1978 entworfenes neues PUR-Möbelprogramm vor – was gleichzeitig auch das letzte sein sollte. Die futuristischen Designs waren inzwischen konventionelleren Formen gewichen. Zum Ensemble gehörten zu Sitzgruppen kombinierbare gepolsterte Sessel und auch Beistelltische. Das verwendete Polyurethan wurde aber nicht – wie seinerzeit in den frühen 1970ern – einer organischen Plastik ähnlich gestaltet, sondern eher einer nüchternen Rahmenkonstruktion. Die Sitzgruppe war in dunklem Braun gehalten, was den Möbeln zusätzlich eine gewisse Biederkeit verlieh. Nur wenige Teile der neuen Möbel gab es in Weiß.

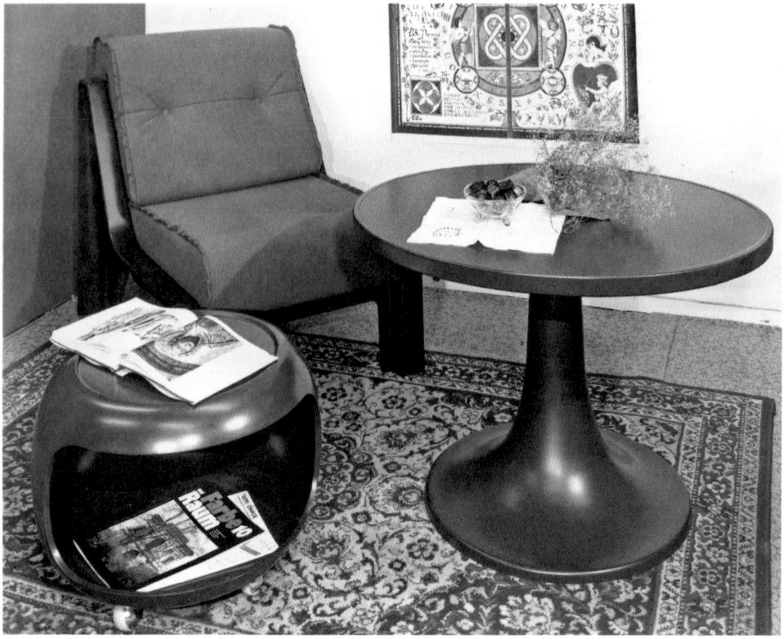

Die letzten Möbel aus Schwedt 1982: Das Kugelbehältnis von Ute Heublein, ein erweiterbarer Sessel und ein ovaler Tisch mit Trompetenfuß

Zum *Schwedt 82*-Programm gehörte auch ein Kugelbehältnis mit dem wenig fantasievollen Namen *KB1.* Darunter verbarg sich ein kleiner Beistelltisch auf Rollen mit Ablagefach, der hingegen noch stark die Formensprache des Space Age aufzeigte. Dies ist nicht verwunderlich, da der Entwurf der Formgestalterin Ute Heublein aus Karl-Marx-Stadt bereits aus dem Jahr 1975 stammte. Die Bürokratie der Planwirtschaft hatte den Produktionsbeginn ganze sechs Jahre hinausgezögert. Im Gegensatz zu früheren hohen Produk-

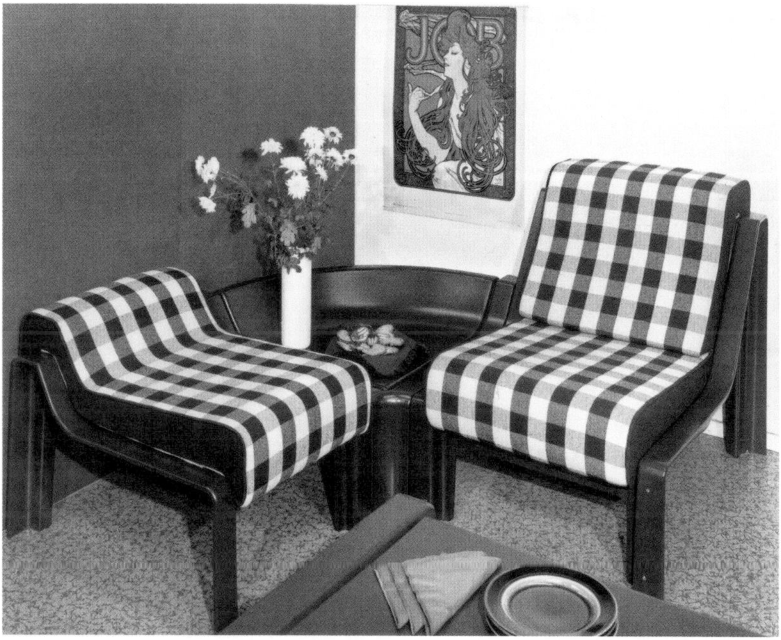

Die Sessel konnten als Module verschraubt und zu Sitzgruppen oder -ecken erweitert werden.

tionszahlen plante man für das Kugelbehältnis jährlich nur noch 1000 Stück – man rechnete mit einem deutlich geringeren Bedarf als noch Mitte der 1970er Jahre. Der Verkaufspreis lag bei 171 Mark. Auch die anderen Möbel des Programms wurden nur in einer geringen Stückzahl produziert. Wie schon prognostiziert, führte *Schwedt 82* bei den Menschen in der DDR nicht zu einem Ansturm auf die neuen Polyurethan-Möbel. Die Tage, sich seine Wohnung so einzurichten, schienen gezählt.

Das Ende der Zukunft

Spätestens zu Beginn der 1980er Jahre hatten sich die international vorherrschenden Designs für Möbel und Alltagsgegenstände wieder verändert, die »Postmoderne« wurde modern. Einige westliche Designer mischten nun dekorative Elemente mit geradezu ironischen Verweisen. Deren Möbel wurden verspielter, teilweise sprach man von einem Anti-Design – und konnte es auch deutlich sehen. Ein Beispiel dafür ist der westdeutsche *Consumer's Rest*-Sessel von Frank Schreiner aus dem Jahr 1983, ein zu einer Sitzgelegenheit umgebauter Einkaufswagen. Andere Gestalter wiederum erschufen wesentlich nüchternere, massentauglichere Möbel, deren Aussehen immer stärker von möglichst kostengünstigen und effektiven Herstellungsabläufen bestimmt wurde.

In dieser Zeit bescherten in der westlichen Welt immerhin die *Krieg der Sterne*-Kinofilme dem langsam verblassenden Space Age einen popkulturellen Blockbuster, in einer japanischen Anime-Serie im ZDF kämpfte *Captain Future* gegen Bösewichte und im DDR-Fernsehen hatte bereits Ende der 1970er Jahre ein

Junge in der ungarischen Trickfilmserie *Adolar* Weltraumabenteuer zu bestehen. Die USA und die Sowjetunion schickten weiterhin regelmäßig Space Shuttles und Sojus-Raketen ins All. Dennoch: Das Weltraumzeitalter ging zu Ende, nicht nur in Bezug auf die Formensprache von Möbeln.

Die meisten bundesdeutschen Möbelhersteller setzten bereits in der zweiten Hälfte der 1970er Jahre nicht mehr auf Polyurethan – von Polstern abgesehen. Einzig die *Horn Collection* wurde in Westdeutschland, parallel zur Produktion in Schwedt, während der gesamten 1970er Jahre hergestellt, der Absatz blieb relativ stabil. Zu den in den ersten Jahren entstandenen Möbeldesigns kam Mitte der 1970er lediglich noch ein Esstischsystem von Reiner Moll hinzu. Gleichzeitig erweiterte Horn sein Möbelangebot um Schreibtische, Computer-Möbel, konventionelle Anbauwände und Wohnzimmerschränke sowie Nähmaschinen-Tische – aus Holzspanplatten gefertigt. Hinzu kamen für die Industrie hergestellte PU-Formteile, die gute Umsätze brachten und sogar zu einer Werkserweiterung führten. Die Möbel aus Rudersberg wurden nach Österreich, in die Schweiz, nach Frankreich, Belgien, Luxemburg, Italien und in die Niederlande exportiert, später auch nach Spanien, Dänemark, die USA und Japan.

Neben dem Export fertiger Möbel wurden weitere Lizenzen für die *Horn Collection* verkauft, und zwar nicht nur an die DDR: 1981 lieferte Horn aus Rudersberg Formen nach Ägypten an die Firma Manzalawi, Siemag dazu Maschinen. Die Container kamen im Oktober 1981 per Schiff in Kairo an, inmitten politischer Unruhen. Am 6. Oktober war der ägyptische Staatspräsident Anwar as-Sadat einem Attentat zum Opfer gefallen, das Land drohte in einem Bürgerkrieg zu versinken. Ob die Fabrik in Ägypten jemals aufgebaut wurde, ist unbekannt. Auch in den Irak und nach Saudi-Arabien sollen in dieser Zeit Maschinen und Formen geliefert worden sein, aber auch hier ist unklar, in welchem Umfang dort produziert wurde.

Ende der 1970er Jahre war Horn jedenfalls die einzige Firma in Westdeutschland, die noch PU-Möbel herstellte. Der *Panton-Chair,* mit dem seinerzeit alles angefangen hatte, war bereits seit 1971 aus einem anderen Kunststoff gefertigt worden, da Vitra mit dem arbeitsaufwendigen Polyurethan nicht die steigende Nachfrage bedienen konnte. Bayer-Konkurrent BASF hatte sich seinerzeit angeboten, den Stuhl stattdessen in einem Spritzgussverfahren aus dem selbst entwickelten Kunststoff Luran herzustellen, was eine nachträgliche Lackierung unnötig machte. Das Material erwies sich jedoch für die Form des Stuhles mit der Zeit als zu bruchanfällig, und die Produktion wurde Ende der 1970er Jahre eingestellt. Aufgrund der anhaltenden Nachfrage wollte der WK-Verband, ein Zusammenschluss verschiedener Einrichtungshäuser, den *Panton-Chair* jedoch wieder aus dem haltbareren Polyurethan produzieren lassen. Die Wahl fiel wenig überraschend auf die Firma Horn, die den Stuhl von 1983 bis 1990 herstellte. Danach übernahm Vitra selbst wieder die Produktion, allerdings nicht aus Polyurethan.

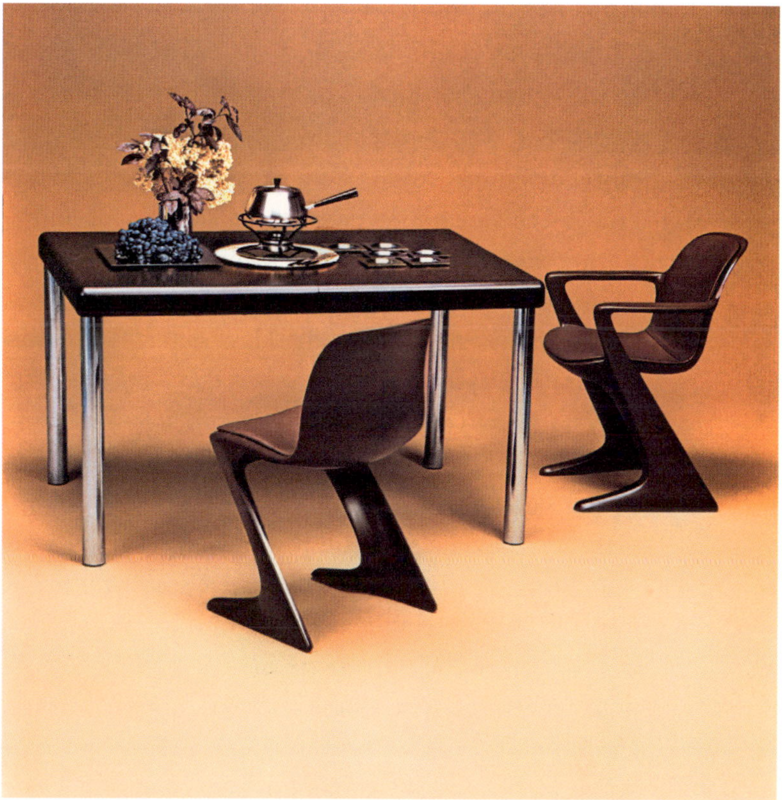

Reiner Moll designte ein PU-Esstischsystem mit verchromten Metallbeinen für die Horn Collection. Davon gab es auch einen Couchtisch.

Die eigentliche *Horn Collection* stellte man aufgrund sinkender Verkaufszahlen 1984 ein, die Nachfrage nach Kunststoffmöbeln hatte zuletzt zu stark nachgelassen. Der Familienbetrieb wurde 1992 verkauft und 1997 im Rahmen eines Konkursverfahrens schließlich liquidiert.

Trotz der unübersichtlichen Vielfalt von Kunststoffmöbeln – in den 1960er und 1970er Jahren gab es letztlich nur eine begrenzte Anzahl von Wohnungen in Ost- und Westdeutschland mit einer futuristisch anmutenden Einrichtung. Nicht jeder wollte sich auf den Plastik-Schick einlassen und zu Hause in einer Raumstation wohnen. Küchengeräte, Lampen, Kleinmöbel ... es war ein Trend, aber keine dominierende Richtung, keine umfassende Ablösung klassischer Holzmöbel und Haushaltsgegenstände. Neben den Kunststoffmöbeln standen in den Einrichtungsgeschäften in Ost und West immer auch rustikal anmutende Schrankwände und ausladende Polstergarnituren. Was wir heute oftmals abschätzig als »Eiche rustikal« bezeichnen – für viele Menschen in beiden deutschen Staaten war das der Gipfel der Gemütlichkeit. Und in der Mitte stand der Farbfernseher – so zeigte man seinen Wohlstand und seine scheinbare Offenheit Modernem gegenüber. Die Möbel des Space Age waren in den 1980ern wieder durch Möbel ersetzt worden, die man nun moderner oder gefälliger fand.

Auch im PCK Schwedt wurde deshalb die *Variopur*-Möbelproduktion 1984 eingestellt. Wann genau die Herstellung der Lizenz-Möbel der *Horn Collection* und des *Schwedt 1*-Sessels endete, ist nicht bekannt. Es ist davon auszugehen, dass dies schrittweise bereits in der zweiten Hälfte der 1970er Jahre passierte. Die westdeutschen Maschinen verwendete man anderweitig, die Formen wurden wahrscheinlich verschrottet. Die Polyurethan-Produktpalette in Bernsdorf änderte sich nach dem Ende der Reuter-Produkte – von dem bereits erwähnten Sofatisch abgesehen – in Bereiche, die nichts mehr mit Möbeln aus der Zukunft zu tun hatten, sondern kleinbürgerliche Rustikalität in den eigenen vier Wänden bedienten. So produzierte man kitschige, bronze-lackierte Wandreliefs, Jagdtrophäenbretter, Zierblumentöpfe, verschnörkelte Bilderrahmen und selbst Holzimitat-Kuckucksuhren-Gehäuse aus Polyurethan. Hinzu kamen weitere PUR-Produkte, unter anderem für die Automobilindustrie.

Der Mangel an ansprechenden modernen Möbeln für die ostdeutsche Bevölkerung vergrößerte sich in den 1980ern. Sichtbar wurde das nicht nur in den Geschäften. Die Wohnzeitschrift *Kultur im Heim* stellte seit der zweiten Hälfte der 1970er Jahre immer weniger neue Möbel aus heimischer Produktion vor, sondern gab stattdessen vermehrt Tipps, wie man sich mit eigenhändig lackierten alten Schränken, Tischen, Stühlen ein gemütliches und farbenfrohes Heim einrichten konnte. Das heute trendige »Do It Yourself«-Prinzip beim »Upcycling« von alten Möbeln füllte bereits damals schon ostdeutsche Zeitschriften – allerdings nicht unter bewusstem Nachhaltigkeitsaspekt, sondern aus Gründen des materiellen Mangels.

Viele Betriebe produzierten natürlich weiterhin Möbel, aber immer mehr für den Export, für Ikea und für westdeutsche Versandhäuser. Die Devisenerwirtschaftung hatte mittlerweile für die DDR Vorrang. Ein Grund war, dass die von Honecker zehn Jahre zuvor propagierte »Einheit von Wirtschafts- und Sozialpolitik« unter realen Bedingungen schlicht nicht finanzierbar war. Die gesamten 1970er Jahre hindurch hatte die DDR mehr aus westlichen Ländern importiert als exportiert, was zu einer zunehmenden Verschuldung führte. Hinzu kamen ab 1982 die Kürzungen der Erdöllieferungen aus der Sowjetunion. Der große Bruder war selbst in wirtschaftliche Schwierigkeiten geraten und konnte seine Bodenschätze nicht mehr so großzügig an die übrigen Ost-Block-Staaten verteilen. Somit vergrößerten sich die wirtschaftlichen und ökonomischen Probleme in Ostdeutschland, so sehr die KoKo und die Intrac auch verstärkt Produkte nach Westdeutschland verkauften. Die Zukunftsaussichten verdüsterten sich, und das lag nicht nur an den Abgaswolken der technisch überalterten Betriebe.

Auch der in den 1970er Jahren noch nahezu unerschütterliche Glaube an den unaufhaltsamen wissenschaftlich-technischen Fortschritt bekam im Laufe der 1980er Jahre zunehmend Risse. Im Januar 1986 war in den USA das Space Shuttle *Challenger* beim Start abgestürzt, im August ereignete sich in der Sowjetunion die Nuklearkatastrophe von Tschernobyl. Und seit Jahren wurden die schädlichen Auswirkungen der fortschreitenden Umweltverschmutzung durch Industriebetriebe in Form von Waldsterben und Smog in den Großstädten für die Menschen immer deutlicher sichtbar – wenn in der DDR darüber auch kaum öffentlich gesprochen wurde. Hinzu kam die stetige Bedrohung durch einen potenziellen, alles zerstörenden Nuklearkrieg, für den die Supermächte USA und Sowjetunion zu Beginn der 1980er Jahre in beiden deutschen Staaten neue Atomraketen stationiert hatten. Ein falscher Knopfdruck und alles würde in Trümmern liegen. Sah so die Zukunft aus?

Die politische Führung der DDR präsentierte den Arbeiter- und Bauern-Staat jahrzehntelang als der Zukunft zugewandt. Als ein Land, in dem im Gegensatz zu den kapitalistischen Ländern die nächste Entwicklungsstufe der Menschheit – der Sozialismus – erreicht wäre und in dem es zielstrebig in Richtung Kommunismus ging, dem Paradies auf Erden für alle Menschen. Doch Ende 1989 war der Staatssozialismus nicht nur in Ostdeutschland an seinen eigenen Realitäten gescheitert, bis zum Paradies auf Erden hatte er es schon gar nicht geschafft. Zu viel Tunnel am Ende des Lichts. Dieser Traum von der Zukunft war ausgeträumt, und 1990 war die DDR schließlich Vergangenheit.

Andererseits ... Der Traum vom Ende des Kalten Krieges hatte sich 1990 erfüllt, die Gefahr eines Atomkrieges in Europa war gebannt, Ost- und Westdeutschland vereinigten sich, Europa wuchs zusammen. Somit war man wiederum irgendwie doch in der Zukunft angekommen. Nur in einer anderen.

Epilog: Die Zukunft ist Vergangenheit – PU-Möbel heute auf dem Vintage-Möbel-Markt

1990 wusste niemand, dass Ost- und Westdeutschland in den 1970er Jahren – getrennt, aber irgendwie auch miteinander verbunden – die weltweit größten Produzenten von Polyurethan-Möbeln gewesen waren. Die DDR gab es als Staat nicht mehr, aber überall standen noch die Möbel aus Bernsdorf und Schwedt herum. Viele davon flogen in den 1990er Jahren zunächst auf den Müll, um Platz für Neues aus dem Westen zu schaffen, gekauft bei Porta, Höffner oder Ikea. Doch manch junger Mensch holte eben genau diese nach wie vor formschönen und farbenfrohen Möbel aus Polyurethan wieder aus dem Container und richtete damit die erste eigene Wohnung ein. Oder möblierte mit ihnen ein Szene-Café oder einen Techno-Club.

Besonders das *Garten-Ei* und der *Känguruh*-Stuhl wurden mittlerweile nicht mehr nur als Möbel wahrgenommen, sondern auch als Plastiken aus dem Plastik-Zeitalter – nur viel erschwinglicher als ein *Panton-Chair* und deshalb eben auch ein alltagstauglicher Gebrauchsgegenstand. Diese gebrauchten Möbel passten perfekt zu dem, was man kurz darauf Shabby-Chic,

Vintage oder Mid Century nannte. Oder fälschlicherweise als »retro« bezeichnete.

Mittlerweile gibt es durch das Internet eine Vielzahl von Anbietern und Möglichkeiten, gebrauchte Polyurethan-Möbel aus den 1970er Jahren zu kaufen. Und da viele Interessierte aus unerklärlichen Gründen Möbel, deren Designer namentlich bekannt sind, beim Kauf bevorzugen und auch bereit sind, höhere Preise zu zahlen, schreiben viele Anbieter bei anderen Händlern in deren Produktbeschreibungen ab. So werden – einem Stille-Post-Spiel gleich – vermehrt Falschinformationen durch das Web verbreitet. Beispielsweise ordnen heute Verkäufer und Händler die Beistelltische von Gilles Thevenot aus der *Horn Collection* immer wieder Peter Ghyczy zu. Zum Zeitpunkt der Entstehung, 1970, war Ghyczy allerdings im Design-Center in Lemförde tätig und voll und ganz mit seinen eigenen Entwürfen beschäftigt. Es wurde im Rahmen der Recherchen zu diesem Buch kein einziger Nachweis gefunden, dass Ghyczy mit dem Entwurf dieser Beistelltische irgendetwas zu tun hatte. Genauso wenig haben – anders als manche Händler im Internet schreiben – Ernst Moeckl und Siegfried Mehl den *Känguruh*-Stuhl zusammen entworfen, die beiden Designer aus West und Ost sind sich bedauerlicherweise nie begegnet. Die Liste weiterer Verwechslungen und Fehlzuschreibungen ist lang …

Möbel aus Polyurethan haben sich mit den Jahrzehnten als äußerst langlebig erwiesen. Ja, manche weisen Materialermüdungen auf, es kommt zu Brüchen, und einige der Beistelltische haben mit der Zeit eine leicht durchhängende Oberfläche bekommen. Doch tausende *Känguruh*-Stühle werden noch heute täglich genutzt, 50 Jahre nach ihrer Herstellung. Es gibt sie in großen Stückzahlen, und deshalb sind sie auf dem Gebrauchtmarkt – trotz manch übertriebener Preisvorstellungen – für viele erschwinglich. Kein teures »Designerstück«, keine Wertanlage, sondern ein alltagstaugliches Möbelstück. Dabei kennt heute kaum jemand die ursprüngliche Bezeichnung »Känguruh-Stuhl«. Viele sagen – aufgrund der seitlichen Silhouette – »Z-Stuhl«.

Vom Känguruh-Stuhl zum Z-Stuhl

Polyurethan hat sich seit den 1970er Jahren in verschiedensten Industriebereichen als wichtiger Produktrohstoff durchgesetzt, nur eben nicht bei Möbeln – von Schaumstoffen abgesehen. Gleichzeitig faszinieren diese mittlerweile 50 Jahre alten Tische, Sessel und Stühle die Menschen immer noch. Dies stellte vor wenigen Jahren auch das Familienunternehmen Pestel PUR-Kunststofftechnik aus Chemnitz fest, das seit den 1990ern Polyurethan unter anderem für die Automobilindustrie verarbeitet. Liv Pestel, die Tochter des Inhabers, erklärt: »Mein Vater hatte sich 1990 direkt nach der Wende hier in Chemnitz selbstständig gemacht. In einem alten Abrissgebäude buchstäblich mit nichts und noch mal nichts in der Hand. Für seinen Unternehmensstart hat er alte Anlagen aufgekauft. Dabei war auch eine für die Polyurethan-Verarbeitung, mit der früher in Schwedt der Z-Stuhl produziert worden ist. Die alte Schäumform war beim Ankauf allerdings nicht dabei.« Liv Pestel hatte mit den Jahren, unter anderem von Flohmarktkäufen, vier restaurierte alte *Känguruh*-Stühle zu Hause: »Diese vier Stühle habe ich 2014 mitgenommen, als wir mit unserer Firma auf die Internationale Nutzfahrzeugmesse nach Hannover gefahren sind, und zwar ausschließlich als Sitzgelegenheit am Messestand, wenn man dort Gäste empfängt. Das endete aber damit, dass die Leute nicht wegen der

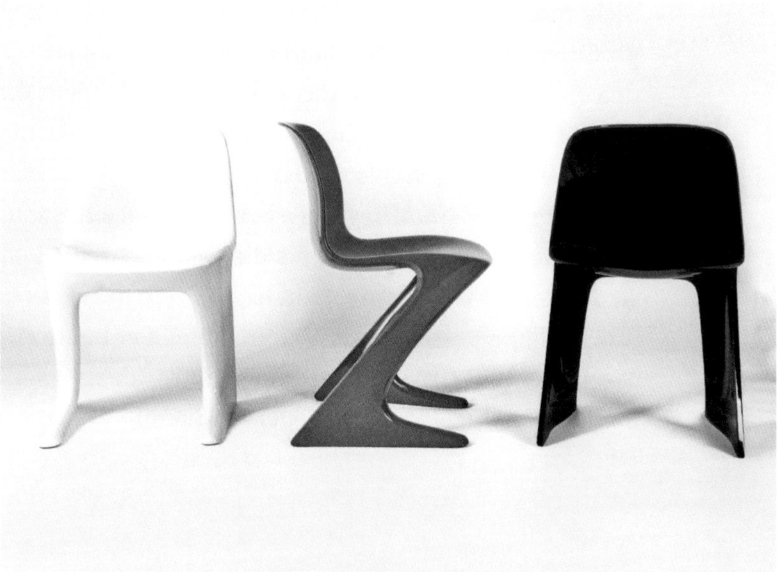

Vom Känguruh- zum Z-Stuhl. Äußerlich unverändert wurde er jedoch neu skaliert und ist somit insgesamt etwas größer. Er wird heute in Chemnitz hergestellt.

ausgestellten Spiegel und Spoiler zu uns an den Messestand kamen, sondern wegen eben dieser Z-Stühle. Wir wurden gefragt, ob man mal Probesitzen könne und ob wir die auch verkaufen könnten.«

Zurück in Chemnitz suchte Liv Pestel nach dem Rechteinhaber und wurde nach einem Jahr Recherche schließlich fündig. Und startete eine neue Produktion. »Wir mussten neue Werkzeuge herstellen, um den Z-Stuhl fertigen zu können. Meine Recherchen nach der alten Form führten alle ins Nichts. Die Stühle von damals haben für heutige Verhältnisse eine zu kleine Sitzhöhe, deswegen passen sie nicht mehr zu modernen Esstischen. Auch ergonomisch passte das alte Design nicht mehr optimal, denn die Menschen von heute sind größer als in den 1960er Jahren. Deswegen haben wir den Z-Stuhl neu skaliert, das heißt in jede Dimension vergrößert – Breite, Höhe, Tiefe. Somit stimmen die Proportionen des Stuhls wieder.«

Der neue *Z-Stuhl* liegt preislich natürlich auf einem wesentlich höheren Niveau als die Gebrauchten, eben weil er keine Massenware mehr ist, sondern in kleinerer Stückzahl hergestellt wird. Dadurch bleibt er heute ein Nischenprodukt, man könnte auch »retro« dazu sagen, aber es gibt ihn jedenfalls wieder zu kaufen.

Vom Garten-Ei zum Garden Egg Chair

Das *Garten-Ei* von Peter Ghyczy hat mit den Jahren ebenfalls verschiedene Namen erhalten. Wurde es in Westdeutschland ab 1974 als »Ei des Columbus« vertrieben, kam spätestens in der Nachwendezeit in Ost und West noch die Bezeichnung »Senftenberger Ei« hinzu. Dies ist insofern etwas irreführend, als das Ei bekanntermaßen in der DDR in Bernsdorf produziert wurde. Die Stadt Senftenberg liegt jedoch relativ nahe am Synthesewerk Schwarzheide, weswegen der umgangssprachliche Name wahrscheinlich entstand. Vielleicht fand aber auch jemand einfach nur das Wortspiel Senf(-tenberger)-Ei origineller oder einprägsamer.

1998 wurde in den Niederlanden eine Neuauflage des *Garten-Ei* unter dem Namen »Oeuf« hergestellt, allerdings nicht aus Polyurethan, sondern aus ABS-Kunststoff. Felix Ghyczy, der Sohn von Peter Ghyczy, vertreibt bis heute den mit einem internationaleren Namen versehenen *Garden Egg Chair* über seine Homepage und bewahrt somit das gestalterische Erbe seines Vaters. Er liegt allerdings mittlerweile ebenfalls im hochpreisigen Segment und ist deshalb allenfalls etwas für Liebhaber.

Vom *Garten-Ei* gibt es inzwischen sogar einen geradezu futuristischen Prototypen – ebenfalls von Felix Ghyczy initiiert: hergestellt aus Algen-basiertem Bioplastik aus dem 3D-Drucker. Und das klingt dann doch wieder nach Möbeln aus der Zukunft …

Das Garten-Ei als Prototyp, produziert aus Algen-Plastik

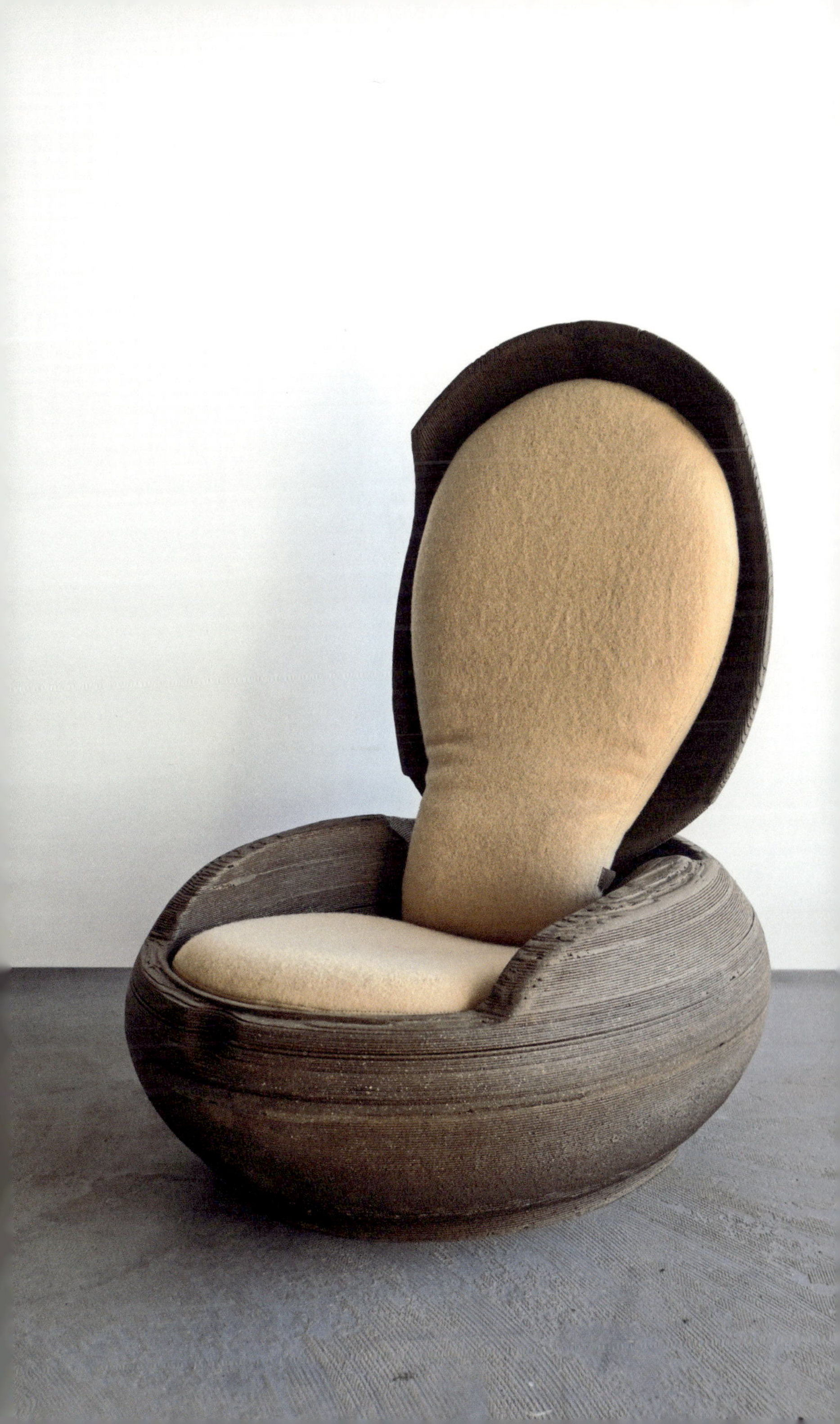

Anhang

Anmerkungen

1 Zur Diskussion siehe auch: Stuhlmuseum Burg Beverungen (Hg.): *Der Kragstuhl,* 2. überarbeitete Auflage, Köln 1998, S. 16–20.

2 Der Namensgeber der Firma, Friedrich Bayer, ist übrigens nicht mit Otto Bayer verwandt.

3 Vgl. »Kunststoffmöbel – Zwang zum Konformismus?« von Rudolf Engert. In: md – moebel interieur design, Heft 1/1973, S. 51.

4 Schöner Wohnen 5/1970, S. 158.

5 Schöner Wohnen 5/1970, S. 109.

6 Ebd., S. 110.

7 Die Firma wurde 1946 in Burkhardtsdorf von dem gebürtigen Rheinländer Otto Schüngel gegründet. Produziert wurden verschiedene Produkte aus Kunststoff, u.a. Folienverpackungen für Lebensmittel. Ab 1958 mit staatlicher Beteiligung, wurde die Firma 1972 zwangsverstaatlicht und zum VEB Schaum Chemie umbenannt.

8 Der Fachberater – Möbel und Kulturwaren, Heft 3/1967, S. 17.

9 BASF Schwarzheide (Hg.): *Aus der Geschichte eines Chemiewerkes,* Band 4, Schwarzheide 2009, S. 80.

10 Der Spiegel, »Niederlage in Finsterwalde«, Nr. 2/1973.

11 BASF Schwarzheide (Hg.): *Aus der Geschichte eines Chemiewerkes,* S. 103.

12 BStU MfS AP Nr. 17635/92, Bl. 17.

13 Vgl. BASF Schwarzheide (Hg.): *Aus der Geschichte eines Chemiewerkes,* S. 360.

14 »Kunststoffmöbel – Zwang zum Konformismus?«, S. 49.

15 Ebd.

16 md – moebel interieur design, Heft 4/1972, S. 129.

17 »Kunststoffmöbel – Zwang zum Konformismus?«, S. 51.

18 Vgl. Juliane Wattig: Der Stuhl »Känguruh« – Ein BRD-Design in der DDR, unveröffentlichte Semesterarbeit im Fach Kunst- und Kulturgeschichte, Köln 2008, S. 9f.

19 Deutsches Gebrauchsmuster 1971, S. 4, zitiert nach: Wattig: Der Stuhl »Känguruh« – Ein BRD-Design in der DDR, S. 15.

20 Vitra Design Museum (Hg.): *Plastik. Eine Welt neu denken,* Weil am Rhein 2022, S. 153.

21 Vgl. auch: Bernd Polster: *Peter Ghyczy – Der Evolutionär,* Köln 2010, S. 46ff.

22 Vgl. MfS BV Schwerin AIM 821 74, Bd. 1, Bl. 234.

23 Eine Image-Broschüre von Reuter Design für die Möbelindustrie gibt 1971 die Firma Rentrop Stadthagen als Lizenznehmer an, ohne konkrete Angabe, um welches Produkt es sich handelt.

24 md – moebel interieur design, Heft 5/1971, Stuttgart 1971, S. 109.

25 Farbprospekt »miniboard no 101« VW-Collection, o.J., wahrscheinlich 1971.

26 Tonbandabschrift des MfS vom 08.08.1972, Privatarchiv Axel Bruchhäuser.

27 Hans-Hermann Hertle & Stefan Wolle: *Damals in der DDR,* München 2004, S. 176.

28 Kultur im Heim, 5/1971, S. 26.

29 Protokoll der Beratung in Schwarzheide vom 22.06.1972, Privatarchiv Axel Bruchhäuser.

30 Protokoll der Beratung in Ostberlin vom 04.07.1972, Privatarchiv Axel Bruchhäuser.

31 Protokoll der Beratung bei Intrac Berlin vom 04.07.1972, Privatarchiv Axel Bruchhäuser.

32 Schreiben des Verhandlungskollektivs an Schalck-Golodkowski vom 17.07.1972, Privatarchiv Axel Bruchhäuser.

33 Ebd.

34 Protokoll des Treffens vom 24.07.1972 in Berlin, verfasst von Axel Bruchhäuser am 08.08.1972 in Güstrow, Privatarchiv Axel Bruchhäuser.

35 Vgl. AiF Schreiben vom 23.01.1973, in: Bundesarchiv Berlin DF/7/719, unpaginiert.

36 Vgl. Der Spiegel, »Durchschlag an den Boss«, Nr. 13/1973.

37 Bericht des Ministeriums für Chemische Industrie 28.05.1973, in: Bundesarchiv Berlin DF/7/642, unpaginiert.

38 Vgl. BASF Schwarzheide (Hg.): *Aus der Geschichte eines Chemiewerkes,* S. 215.

39 Möbel und Wohnraum, Heft 3/ 1973, S. 3.

40 BstU MfS BV Ffo AIM 1619 Bd. 3, Bl. 0237.

41 MfS BV Ffo AIM 1619 83 Bd. 1, Bl. 0309.

42 Anzeige in der Zeitschrift md – moebel interieur design, Januar 1974, S. 145.

43 Bundesarchiv Berlin DC/14/244 Bl. 16.

44 Vgl. Bericht der Arbeiter- und Bauern Inspektion vom 02.05.1973, Bundesarchiv Berlin DC/14/244 unpaginiert.

45 Siehe Bundesarchiv Berlin DF/7/722, unpaginiert.

46 Protokoll vom 20.07.1972, in: Bundesarchiv Berlin DF/7/642, unpaginiert.

47 Siehe Schreiben vom 11.12.1972, in: Bundesarchiv Berlin DF/7/719, unpaginiert.

48 Schreiben an das AiF vom 30.11.1972, in: Bundesarchiv Berlin DF/7/644 unpaginiert.

49 Vorlage Dienstbesprechung AiF vom 26.02.1973, in: Bundesarchiv Berlin DF/7/648, unpaginiert.

50 Schreiben vom 09.11.1973 in: Bundesarchiv Berlin DF/7/722, unpaginiert.

51 Bericht vom 05.03.1974 in: Bundesarchiv Berlin DF/7/722, unpaginiert.

52 Bericht des AiF vom 03.04.1974 in: Bundesarchiv Berlin DF/7/722, unpaginiert.

53 Bericht des AiF vom 27.02.1974 in: Bundesarchiv Berlin DF/7/722, unpaginiert.

54 Siehe Bundesarchiv Berlin DF/7/383, unpaginiert.

Quellen und Literatur

BASF Schwarzheide (Hg.): *Aus der Geschichte eines Chemiewerkes,* Band 4, Schwarzheide 2009.

Betriebsparteiorganisation der SED (Hg.): *Ein Werk des Sozialismus, der Freundschaft und der Jugend. Geschichte des VEB Petrolchemisches Kombinat Schwedt, Stammbetrieb von 1959 bis 1981,* Berlin 1985.

Design Center Stuttgart (Hg.): *Deutsche Auswahl 1979,* Stuttgart 1979.

Charlotte & Peter Fiell: *Design des 20. Jahrhunderts,* Köln 2000.

Hans-Hermann Hertle & Stefan Wolle: *Damals in der DDR,* München 2004.

Günter Höhne (Hg.): *Die geteilte Form. Deutsch-deutsche Designaffären 1949–1989,* Köln 2009.

Matthias Judt: *Der Bereich Kommerzielle Koordinierung. Das DDR-Wirtschaftsimperium des Alexander Schalck-Golodkowski – Mythos und Realität,* Berlin 2013.

Hans Lewitzky: *Meine Wohnung,* Berlin-Ost 1966.

Bernd Polster: *Wohndesign Deutschland. Die Klassiker,* Köln 2008.

Bernd Polster: *Peter Ghyczy – der Evolutionär,* Köln 2010.

Andreas Rödder: *Die Bundesrepublik Deutschland 1969–1990,* München 2004.

Alexander Schalck-Golodkowski: *Deutsch-deutsche Erinnerungen,* Reinbeck 2000.

Wolfgang Schepers (Hg.): *'68. Design und Alltagskultur zwischen Konsum und Konflikt,* Köln 1998.

Dieter Schreiber (Hg.): *Rudolf Horn. Gestaltung als offenes Prinzip,* Berlin 2010.

Klaus-Jürgen Sembach, Gabrielle Leutäuser & Peter Gössel: *Möbeldesign des 20. Jahrhunderts,* Köln o.J.

Stuhlmuseum Burg Beverungen (Hg.): *Der Kragstuhl,* Köln 1986.

Vereinigung von Freunden der Akademie der bildenden Künste e.V. Stuttgart (Hg.): *Möbeldesigner-Portraits Baden-Württemberg,* Stuttgart 1985.

Vitra Design Museum (Hg.): *Möbel aus Kunststoff,* Weil am Rhein 1990.

Vitra Design Museum (Hg.): *Plastik. Die Welt neu denken,* Weil am Rhein 2022.

Ulrich Völklein: *Honecker. Eine Biografie,* Berlin 2003.

Juliane Wattig: *Der Stuhl »Känguruh« – Ein BRD-Design in der DDR,* unveröffentlichte Semesterarbeit im Fach Kunst- und Kulturgeschichte, Köln 2008.

Stefan Wolle: *Aufbruch nach Utopia. Alltag und Herrschaft in der DDR 1961–1971,* Berlin 2013.

Diverse Ausgaben der Zeitschriften:

Der Fachberater – Möbel und Kulturwaren (Ostberlin), Kultur im Heim (Ostberlin), md – moebel interieur design (Leinfelden-Echterdingen), Möbel und Wohnraum (Leipzig), Schöner Wohnen (Hamburg), Form+Zweck (Ostberlin), Guter Rat (Leipzig/ Ostberlin), Form (Frankfurt/M.), Synthese (Schwarzheide), NBI (Ostberlin), Wochenpost (Ostberlin)

Diverse Aktenbestände aus dem:

Bundesarchiv Berlin

Stasi-Unterlagen-Archiv

Tecta-Firmenarchiv

Interviews des Verfassers mit:

Axel Bruchhäuser per Telefon am 4. April 2022
Marlene Damaschke (geb. Horn) per Mail am 24. Februar 2022
Günter Hinz per Telefon am 31. März 2022
Prof. Rudolf Horn in Leipzig am 2. Februar 2023
Siegfried Mehl per Telefon am 3. Februar 2021
Liv Pestel per Mail am 26. März 2021

Abbildungsnachweis

Alle Abbildungen stammen aus dem Privatarchiv Sascha Lange. Mit Ausnahme von:

S. 26 © Archiv Marlene Damaschke, geb. Horn
S. 34 © Mittelstädt, Rainer/Bundesarchiv
S. 35 © Gestaltung: Horst Hartmann, Roland Löffler, Dieter von Amende, 1972/Fotograf: unbekannt/Stiftung Industrie- und Alltagskultur
S. 62 (oben und unten) © Archiv Marlene Damaschke, geb. Horn
S. 75 © Peter Ghyczy
S. 113 © Archiv Marlene Damaschke, geb. Horn
S. 125 © Koard, Peter/Bundesarchiv
S. 145 © Archiv Nietlebener Heimatverein e.V.
S. 153 © Deutsche Fotothek/Weimer, Friedrich, 1977
S. 188 © www.zstuhl.de
S. 191 Name: Algae Egg Chair by Klarenbeek & Dros, Photo: Klarenbeek & Dros, Thanks to: Felix Ghyczy Foundation, Nienke Hoogvliet, Kelpblue

Dank

Mein besonderer Dank gilt Juliane Wattig aus Köln, die mit ihrer mir freundlicherweise zur Verfügung gestellten unveröffentlichten Semesterarbeit über den *Känguruh*-Stuhl aus dem Jahr 2008 ein solides Wissensfundament geschaffen hat, auf dem ich aufbauen konnte. Ebenso dankbar bin ich Axel Bruchhäuser für verschiedenste Unterlagen und ausführliche Auskünfte zum Thema sowie Marlene Damaschke, geborene Horn, die mir eine Vielzahl an bislang unbekannten Prospekten der *Horn Collection* überlassen hat. Bei Maike Nedo vom Ch. Links Verlag bedanke ich mich für die zahlreichen inhaltlichen Anregungen und bei Karoline Winter für das engagierte und gründliche Lektorat.

Darüber hinaus möchte ich mich auf das Herzlichste (in alphabetischer Reihenfolge) bei folgenden Menschen bedanken:

Heike Dansard (Bayer AG), Fritz Drabert (Drabert GmbH), Maja Franke, Walter Hattendorf, Günter Hinz (Horn GmbH), Prof. Rudolf Horn, Anja Kösler, Siegfried Mehl (PCK Schwedt), Reiner Moll, Klára Němečková (Staatliche Kunstsammlung Dresden), Liv Pestel (Pestel-PUR-Kunststofftechnik GmbH), Tobias Pfützner (Möbelkooperative Süd), Matthias Pühl (Vitra Design Museum) und Franziska Scheffler (Stasi-Unterlagen-Archiv).

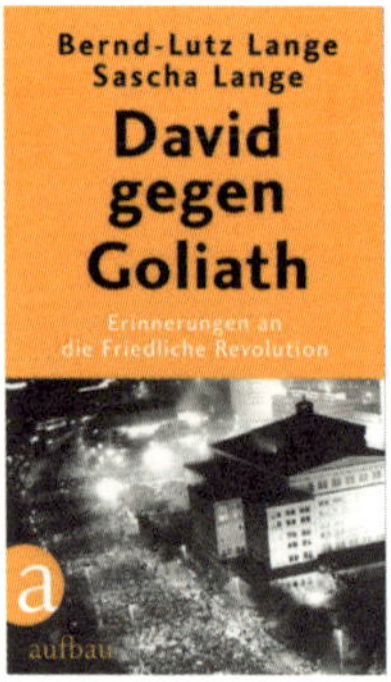
Bernd-Lutz Lange
Sascha Lange
David gegen Goliath
Erinnerungen an
die Friedliche Revolution
a
aufbau